U0577654

买入强势股

吴行达/著

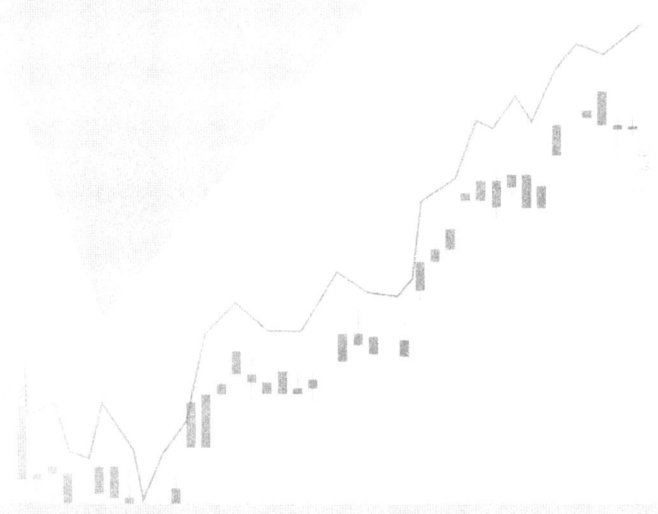

经济管理出版社
ECONOMY & MANAGEMENT PUBLISHING HOUSE

图书在版编目（CIP）数据

买入强势股/吴行达著. —北京：经济管理出版社，2019. 3
ISBN 978-7-5096-6412-4

Ⅰ. ①买…　Ⅱ. ①吴…　Ⅲ. ①股票投资—基本知识　Ⅳ. ①F830. 91

中国版本图书馆 CIP 数据核字（2019）第 032036 号

组稿编辑：勇　生
责任编辑：刘　宏
责任印制：黄章平
责任校对：董杉珊

出版发行：经济管理出版社
　　　　　（北京市海淀区北蜂窝 8 号中雅大厦 A 座 11 层　100038）
网　　址：www. E-mp. com. cn
电　　话：（010）51915602
印　　刷：北京晨旭印刷厂
经　　销：新华书店
开　　本：720mm×1000mm/16
印　　张：10.75
字　　数：93 千字
版　　次：2019 年 11 月第 1 版　2019 年 11 月第 1 次印刷
书　　号：ISBN 978-7-5096-6412-4
定　　价：38.00 元

前　言

任何一轮行情启动以后，总会给少数投资者带来一次获取暴利的机会，这是什么原因呢？为什么多数投资者在相同的指数环境下，其收益率却大打折扣？虽然强势品种的股价在暴涨，但是很多投资者并没有获得可观的收益，这又是什么原因呢？这是因为很多投资者还没有掌握一种有效挖掘强势股的方法去实现最大的收益。

每当机会出现的时候，个股的表现也是不一样的，有的涨得多，有的涨得少。而要想实现较大的收益，就要知道什么样的强势个股才能出现较大的涨幅，这类能够持续上涨的个股便是投资者经常提到的强势股。

因为强势上涨个股是一种较难发现的投资标的，它的形成机理和操作方式与操作跟风上涨股票有着极大的不同，所以很多投资者还没有总结出一些有效的方法去面对强势股的波动特性。

盈利的方法必然只有少数人掌握，这符合自然法则，被多数人掌握的方法，必然是无效的。在本书中，笔者对强势股票的各种波动形态进行了详细的讲解，无论是把握盈利机会的方法，还是回避风险的方法。希望本书对投资者发现和买入强势股有所帮助。

目　录

第一章

强势股战法

目前很多投资者都热衷于追逐强势股进行操作，之所以对强势股操作抱有如此大的兴趣，就是因为强势个股往往可以使投资者的资金快速增值。相对中长线个股慢吞吞地上涨而言，操作强势个股就显得非常有吸引力了。

在进行强势股操作的时候，资金的利用率是很高的，如果正确把握买点，投资者在短短数日获得 10%~20%，甚至更高的收益根本不成问题。强势股操作的高回报正是吸引投资者的主要原因。

强势股操作虽然时间短收益大，但是如果买点把握不好，给投资者造成的亏损也是相当严重的。虽然每只强势股行情的波动形态各有差别，但本质上它们却有着很多相似之处。投资者只要把握住了这些相似之处，就可以对强势股波动的性质定性，从而就能捕捉到最佳的介入时机。

一、强势股票特征

在每一轮的上涨行情中都会涌现出一些涨幅翻番的强势股，多数股票之所以能跟风上涨也是因为这些强势品种的存在而同步拓展了上升空间。当强势股在一轮行情结束时，它们的涨幅往往是最大的，不仅大于所属板块中所有个股的涨幅，而且大于同期大盘的涨幅，因此操作强势股无疑是获利幅度最大的操作方式。强势股之所以能够成为上涨风向标，是因为它们身上有着与其他个股不同的特征，而这些特征又是强势股所独有的，从这一点来看强势股其实又是比较好判断的。强势股的基本特征可以总结为以下十个字：时机、涨幅、领涨、资金推动。下面进行详细的叙述。

时机：时机指的是强势股启动上涨的时间点，它的含义是强势股的上涨时间一定要领先于盘中其他个股及大盘指数的上涨。在很多时候，由于受到某种突发性利好消息的影响，个股具备了大幅炒作机会，或是行情突然而至，主力没有时间低位建仓，便会采取一种快速的拉高建仓的手法进行操作。由于启动行情的时机过于突然，多数后知后觉的投资者必然会对当前的上涨持怀疑的态度，当股价短线连创新高后，多数后知后觉的资金会追涨买进，主力机构便有了较好的抛售机会，强势股操作行情也就圆满完成。主力机构选择正确的时间点进行启动行情，不仅可以在较短的时间内买到更多的股票，而且还可以最大限度地激活市场人气，这是长时间采用箱体震荡操作 所达不到的效果。虽然有优点，但是也有相应的缺点，那就是强势股的建仓成本相对较高，甚至比低位买入的投资者持仓成本高很多，但是这一点可以通过后期股价大幅的快速的上涨去弥补。

涨幅：强势股的涨幅在所有个股中及同板块中一定是最大的，无论从盘后分析还是在盘中涨幅大这一特征都会很鲜明地体现出来。一只股票之所以成为强势股，必然得到了主力机构的积极操作，持续介入的资金为的就是盈利，因此，主力必须借助各类载体大力度地发动股价的上涨行情，由于主力机构的推动，这类强势股票必然会出现最大幅度的上涨行情。并且无论是盘中涨幅还是整体涨幅，都是其他个股无法相比的，无论在何种市场状况下强势股的涨幅也是其他个股所无法相比的，最大的涨幅就是强势股的另一个重要的特征。因此，在强势股的走势中无论是分时图还是 K 线图其走势都是非常顺滑的，很少会出现非常曲折的走势。

领涨：当强势股形成加速上涨走势以后，其凌厉的上涨力度与快速扩散的盈利效应将会对同板块中其他个股产生强大的吸引作用，于是便会有资金介入同板块中的其他个股中进行跟风操作，从而使得该板块出现整体性的上涨走势。同时，如果强势股同时也属于权重股，还将会对大盘指数的波动起到强大的推动作用，强势品种的权重个股在某一天收出大阳线，那大盘在同一天也必然会收出阳线，而在盘中最能体现领涨的这种特性就是只要强势股一涨，大盘指数的分时线也会随之强劲上扬。

资金推动：为什么同样面对大盘指数上涨，有的个股涨得非常高，而有的个股却表现一般呢？这是因为股价上涨幅度的大小与资金介入的关系是极为密切的。只有资金推动力度大的个股其上涨幅度才会很大。资金推动力度从某方面来讲与资金介入的数量是没有必然关系的，投资者经常可以看到有些个股底部在不断地放量，但上涨行情就很难出现，而有的个股量能并不算太大，但却上涨得很猛，这就是资金推动力度在发挥作用。在选择个股的时候，投资者要做的就是寻找那些资金推动力度大的个股，而资金推动力度大则会直接反映在上涨角度上。当然，大多数情况下，在数据排序中强势股的当日成交金额往往是最大的。这个结论同样在分时图中最明显，强势股盘中上涨时的量能要比同一板块中的个股上涨时的量能放大很多，而且密集程度也要好很多。但有时由于个股流通盘大小的因素，可能个别强势股的量能并非是最大的。

在上述特征中，时机、领涨、涨幅及资金推动（成交量）是同等重要的，个股走势存在这些现象越多则成为强势股票的概率就越大。但资金推动（成交量）是要多一个层面考虑的，这是因为投资者首先要区分股票是有资金提前介入的高控盘股票还是短线巨资追捧的低控盘股票。如果主力操作的股票是一个提前介入的高控盘庄股，那在股价上涨时成交量就未必一定放大了。

二、确立强势：领涨要素

投资者在实战操作的时候都希望可以买到市场当中的强势股，因为只有买到了强势股，资金才可以随着强势股的大幅上涨而迅速增值。但遗憾的是很多投资者很难分辨出谁是真正的强势股，因此也就很难实现资金的快速增值。想让资金迅速增值只有操作强势股，想要买到真正的强势股就必须熟练掌握操作强势股的正确方法。否则买到强势股就只能是一个梦想了。其实找出并操作强势股的方法并不难，只要把握住强势股的四要素，判断强势股是谁就变得易如反掌了。

强势股领涨的四要素为：

（1）题材。如果近期有明显的题材，那就从题材板块中入手。有题材的个股优先于没有题材的个股。

（2）上涨的力度和速度。这是各类强势股的共性。谁最先进入主升浪，上涨力度和速度最大的品种就是领涨于板块和大盘的强势股。

（3）上涨时间的早晚。领先于板块和大盘指数上涨的个股就有可能成为强势品种，上涨晚的多是跟风上涨的个股。

（4）成交量大。股价进入主升浪后，必然会成为市场的焦点目标，这往往能吸引大量的资金参与操作，所以虽然看不到短线游资个股的建仓迹象，但上涨时谁的成交金额最大谁就最有可能成为强势股。

只有将强势股的四要素进行全面结合，投资者才可能准确地判断出谁是强势股；只有准确并及时地判断出强势股，投资者才可以成功地实现超高的收益。但短线出现快速上涨的强势股往往还具备另一个特征：股价近期跌幅是最大的，往往在下跌时也有领跌的作用。股价只有跌幅巨大，做空动能才能得到有效释放，股价后期反弹的空间才会增大，空间大才能引起更多短线资金的兴趣。在没有主力机构控盘的时候，股价的大跌其实是好的事情。

三、乘势而上：强势股与大盘指数的关系

大盘指数之所以形成上涨走势，是因为市场中出现了可以聚集众多资金操作的强势股，强势股良好的市场表现也促使同一板块个股出现集体上涨的走势。一个板块上涨产生的盈利效应同时又促进了其他个股与板块的同步上涨，因此形成了整体盘面的上涨走势，众多个股的上涨导致大盘指数同步出现上涨，由此可见，强势股的出现对大盘指数上涨的影响是多么大。同样，如果强势股不断地上涨，必然就会对其他个股始终起到促涨与领涨的作用，从而推动大盘指数同期也会保持持续上涨的走势。

而一旦资金将股价从低位推动到高位区间以后，随着上涨空间的减小，必然会有大量的资金开始在盘中平仓，并反手进行做空的操作。一旦大量的资金开始在盘中做空，必然会对大盘指数的上涨走势起到巨大的影响。资金开始离场出局的区间对于强势股而言便是顶部的区间所在。强势股走势发生逆转是由资金的流出引起的，而资金改变了流动的方向就必然会在 K

线形态、成交量变化、指标上留下明显的信号。所以说，强势股无论处于什么波动状态都会直接对大盘指数产生重大的影响。因此，要想在一轮行情中做到尽善尽美的操作，必须要了解强势股的波动与大盘指数的关系。

投资者发现强势股后，千万不能认为强势股的波动是独立的，它的波动在很大程度上影响大盘指数与其他个股。强势股在构筑底部的过程中，通常会形成一段较为标准的低位蓄势区间，股价在一个较小的范围内不断地逐波振荡上行。由于股价的底部属于中线底，大盘指数也将会形成中线底部并在后期长时间上涨。这种行情一旦展开，给投资者带来的获利机会就非常多。知道大盘指数形成了振荡底部后，操作计划也就有了，在前期指数下跌时形成强势上涨的股票就是操作的重点，因为只有这些与大盘指数底部特征完全一致的股票才有可能出现较大的涨幅。

由于强势股对大盘指数的影响非常大，因此，强势股的底部形态往往会在很大程度上左右大盘指数的底部形态。根据这个原理，投资者便可以轻松地通过强势股提前预测大盘指数做多行情的到来，从而为股指期货操作提前打下基础。只有明白了强势股或是大盘指数的做多做空性质，投资者才可以制定出更贴近市场真实波动的操作计划。

四、强势出击：标志阳线

由于国内股票交易制度的限制，投资者只能在股价上涨的时候实现盈利，因此在大多数情况下上攻阳线的分析价值远比下跌阴线的分析价值要高得多，并且实体越大的阳线分析的价值就越大。只有阳线不断地出现投资者才可以不断地实现盈利，因此投资者要操作强势股票，必须对重点起涨阶段的标志性阳线进行深入的研究。

一只股票的涨涨跌跌都是由一根根关键性的标志性阳线引起的，找到它后我们就可以知道一只股票的强与弱了。这里面最常用的就是大阳线，也就是标志性阳线，在关键位置出现的大阳线就叫作关键标志性阳线。标志性阳线的出现往往有三种不同的分析价值：一是具有扭转股价下跌趋势的作用；二是具有突破打开新的上升空间与延续股价上涨趋势的作用；三是具有稳定股价区域重心的作用。无论大阳线具有哪种作用，对于投资者的操作而言都是极有价值的。只要大阳线的出现具有以上三种作用，就会为投资者带来盈利的机会。

强势股的上涨都是靠资金推动起来的，因此投资者只有及时发现和介入转势阶段的标志性阳线，才能实现盈利目标。只要在标志性阳线出现的时候入场操作，就等于在底部第一时间占据了绝对的主动。资金的大量流放，成交量的持续放大，配合大实体的阳线的出现，意味着各方参与者越聚越多，在水涨船高效应的推动下，股价必然会呈现出强势特征。

利用标志性阳线寻找强势个股时需要注意以下三点：

（1）成交量越大越好。成交量越大说明资金的入场力度也就越大，市场上资金越是积极地入场操作，股价触底快速上涨的可信度也就越高。

（2）股价连续出现上涨，且力度较大和速度较快。这说明资金的推动力度强势，只有资金推动力度大，股价才具有持续上涨的能力。

（3）标志性阳线多数情况下要在股价持续下跌时出现，在股价下跌过程中成交量越少越好。这意味着做空动能逐步衰竭，做多能量在迅速聚集。并且股价的下跌幅度越大，后期上涨的空间也就越大。

投资者在借助大阳线寻找强势股票时，可以进一步深入研究和使用成交量指标。强势品种为什么会是热门股呢？是因为有大量资金对它进行交易，这是一个非常重要的思路，顺着往下便可以找到答案。既然有大量资金对它进行交易，那么，它的成交量必然会很大。因为如果量能不大，没有太多资金参与，又怎么能热得起来呢？所以，量能很大是强势股能持续走强的基础。

第二章

强势K线特征

从股市的波动状况来看，每年都会涌现出较多的强势明星股票，制造一次又一次的造富神话。虽然大家都知道这个事实，但却总是错过较佳介入的大好时机。是什么原因导致投资者没有买在启动上涨点呢？主要原因就是没有掌握强势股票底部的K线技术特征。

观察强势股底部的K线变化是最有效地判断底部的方法，因为强势股底部的K线与下跌时形成的K线有着明显的区别，对强势股的波动状态进行分析时，首先应当对K线进行分析。

股价跌到底部以后，由于多头的力量开始增强，在下跌过程中难以出现的大阳线便会不断形成。在进行分析时，一旦发现强势股经历了长时间的下跌后，于低位形成了标志性的大阳线走势，那么，大阳线形成的区间往往就是股票底部区间。

一、K线多头排列

（一）走势综述

K线多头排列是指由多根连续上升的实体相对较小的阳线或阴线所组成，连续出现的多根小阳线或小阴线，其收盘价连续升高，小阳线、小阴线实体部分大致相等，是一种典型的探底回升形态。K线多头排列类似于指标多头排列，其形态构成较简洁明了，且该形态出现频率也较高，但并非是每一波逐级抬高的小阳线、小阴线的都属于多头排列，只有在一波深幅回调之后，或是在相对低位区域盘整之后出现的由多根实体、影线均较为短小的阳线和阴线构成的K线组合形态才可以称为K线多头排列形态，K线多头排列形态的出现意味着多方已开始处于优势地位，且有明显的做多意图，是短线入场的重要信号。

通常情况下，K线多头排列形态预示着一个多方力量逐步聚集的过程，当股价经历较长时间的下跌，由于做空动能得到充分释放，多空双方已经在低位区域内形成某种形式的平衡。

此阶段的市场人气仍处于逐步恢复之中，初期只有少量的场外先知先觉资金开始试探性地买入，连续多日的小阳线、小阴线出现，既确定了低位区间内空方抛压的衰竭，也体现了多方正逐波入场。多空双方的力量在低位区域的转换往往有一个循序渐进的过程，而K线多头排列形态正是这一循序渐进过程的直观表现形式，它预示着多方力量开始占据优势，是股价即将出现大幅或加速上涨的信号（见图2-1）。

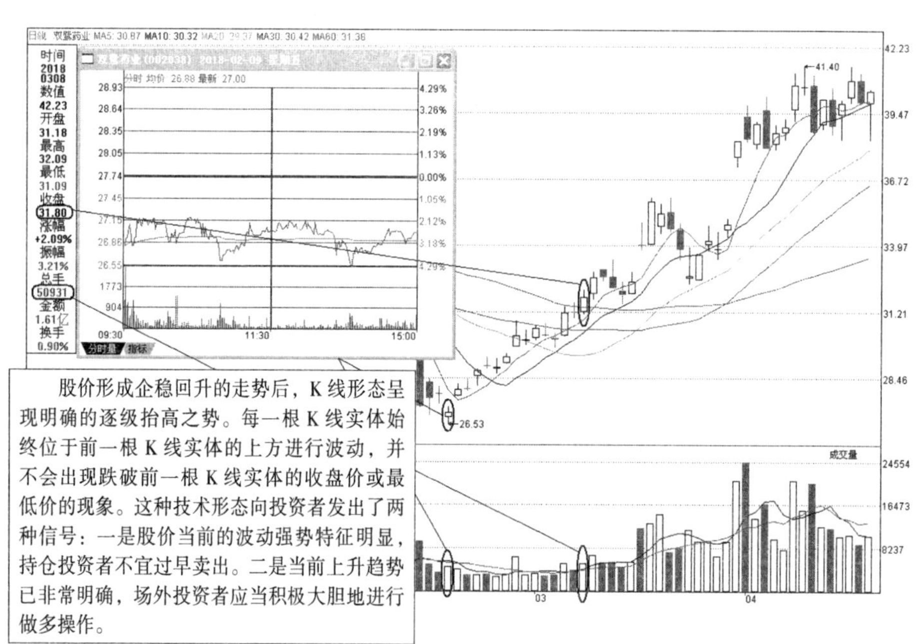
股价形成企稳回升的走势后，K线形态呈现明确的逐级抬高之势。每一根K线实体始终位于前一根K线实体的上方进行波动，并不会出现跌破前一根K线实体的收盘价或最低价的现象。这种技术形态向投资者发出了两种信号：一是股价当前的波动强势特征明显，持仓投资者不宜过早卖出。二是当前上升趋势已非常明确，场外投资者应当积极大胆地进行做多操作。
41.40
26.53
成交量
42.23
39.47
36.72
33.97
31.21
28.46
24554
16473
8237
03
04
09:30
11:30
15:00

图2-1 双鹭药业2017年12月至2018年4月日K线走势和2018年2月9日分时走势

从图 2-2 中可以看到，双鹭药业的股价见顶后经历一波深幅的回调走势，特别是在 2018 年 2 月初经过持续几天的快速打压后，股价渐渐呈企稳的迹象。2018 年 2 月 9 日收出一根探底回升小阳十字星（最低价 26.53 元）之后，其后连续十多个交易日收出持续回升线形态，形成标准的上升 K 线多头排列形态，同时股价也成功地穿越多条短中期均线的压力，盘面开始转强。K 线多头排列形态虽然每天的上涨幅度不大，但累计升幅和力度不小，相当于多根大阳线的叠加效应。图 2-2 中信息显示，2 月

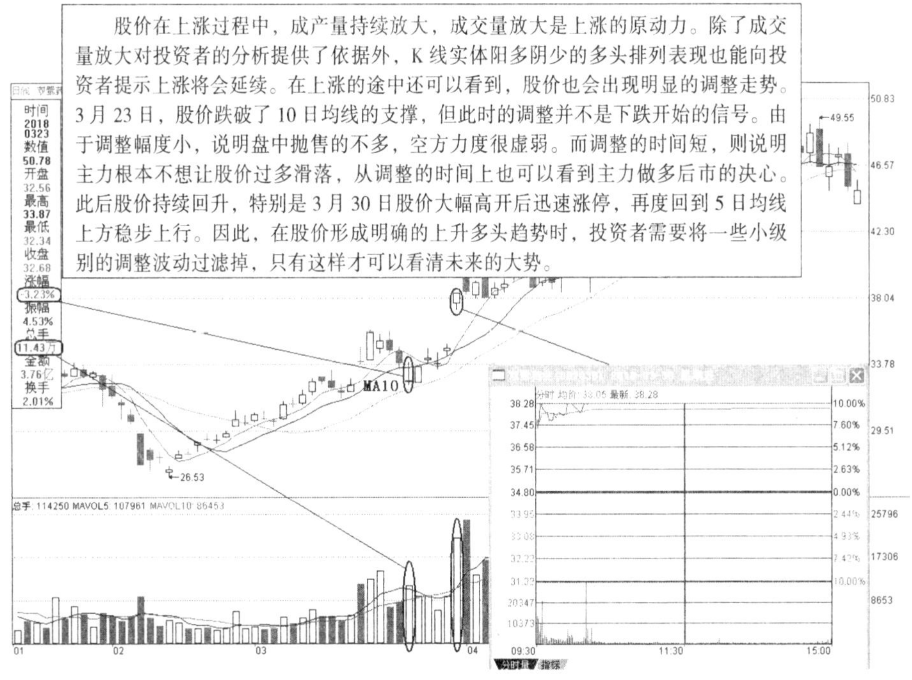
股价在上涨过程中，成产量持续放大，成交量放大是上涨的原动力。除了成交量放大对投资者的分析提供了依据外，K 线实体阳多阴少的多头排列表现也能向投资者提示上涨将会延续。在上涨的途中还可以看到，股价也会出现明显的调整走势。3 月 23 日，股价跌破了 10 日均线的支撑，但此时的调整并不是下跌开始的信号。由于调整幅度小，说明盘中抛售的不多，空方力度很虚弱。而调整的时间短，则说明主力根本不想让股价过多滑落，从调整的时间上也可以看到主力做多后市的决心。此后股价持续回升，特别是 3 月 30 日股价大幅高开后迅速涨停，再度回到 5 日均线上方稳步上行。因此，在股价形成明确的上升多头趋势时，投资者需要将一些小级别的调整波动过滤掉，只有这样才可以看清未来的大势。
时间
2018
0323
数值
50.78
开盘
32.56
最高
33.87
最低
32.34
收盘
32.68
涨幅
-3.23%
振幅
4.53%
总手
11.43万
金额
3.76亿
换手
2.01%
49.55
26.53
MA10
50.83
46.57
42.30
38.04
33.78
29.51
总手:114250 MAVOL5:107961 MAVOL10:86453
25796
17306
8653
01
02
03
04
分时 均价:38.05 最新:38.28
38.28
37.45
36.58
35.71
34.80
33.95
33.08
32.23
31.32
10.00%
7.60%
5.12%
2.63%
0.00%
09:30
11:30
15:00

图 2-2　双鹭药业 2018 年 1 月至 6 月日 K 线走势和 2018 年 3 月 30 日分时走势

9日开始的K线多头排列形态形成于调整的低位，具有一定的止跌企稳意义，因而是一个明确的止跌信号。随后股价持续上涨的走势，这个形态的出现更加坚定了多方的信心，此后股价出现中期震荡上涨行情。该股在出现K线多头排列形态之前，股价调整非常充分，2月初期出现明确的止跌企稳迹象，而且在下跌过程中成交量极其低迷，说明做空动能衰竭，属于无量空跌现象。K线多头排列形态出现之后，股价已经成功地站在短中期均线系统之上，盘面强势特征初现端倪。成交量出现同步温和放大，表明多方信心进一步增强，从而推动股价上涨。

（二）操作要略

（1）K线多头排列形态一般出现在市场见底回升初期，由于前期下跌幅度过大，做空动能释放充分，引发股价持续展开技术性修复行情，这一过程仍属于市场信心的恢复期。因此股价回升幅度不大，上升速度缓慢，走势表现相当稳健。此阶段方便逢低建仓，而且风险不大。

（2）K线多头排列走势中的阳线实体不能太大。如果太大，就说明上升势头强劲，获利盘积累速度过快，这会导致短线获利回吐的压力增加。最好是以小阳线的形式向上攀升，阳多阴少更容易维持市场人气而引发持续的上涨行情。

（3）K线形态形成多头向上攻击形态后，K线实体对应的成交量应保持温和放大的状态，最好是一天比一天大，显示主力资金是逐步增持仓位的。如果成交量过大，则意味着众多的跟风盘进场抢筹，换手率过大反而不利于主力持续地拉升。当然成交量过小，则说明后市拉升力度可能面临不足的危险。

（4）K线多头排列虽然是一种很典型的底部形态，但是投资者在买入时，也应该设好止损位。如果股价跌破了K线多头排列的重要的低点支撑或中期均线支撑，则上升形态会被破坏，股价运行易转入一段宽幅震荡区间内，短线投资者应该考虑及时止损出局。

二、首次向上缺口

（一）走势综述

首次向上缺口的形态特征是股价直接跳空高开并站在前期所有高点压力位之上，并且收于短中期日均线之上时，此时投资者可考虑及时跟进做多。低位区域首次形成的向上突破性的缺口预示着股价见底回升的开始。前期股价已经出现了加速见底的回落缺口，与之后股价反弹的跳空拉升的缺口正好组成了股价见底回升的底部岛形反转走势。

股价在低位区域持续震荡的过程中出现类似岛形的底部后，反转的信号就开始出现了，而股价真正反转是从形成向上跳空拉升的 K 线形态出现之后才开始的。判断股价脱离底部反转向上的第一步要看该股是否已经形成了向上反转的缺口，而大幅度向上跳空拉升的阳线的出现正是股价企稳回升的开始。因此，在股价低位震荡走势逐步延续的过程中，投资者只有先抓住股价的向上跳空拉升的阳线，才能够把握较好的买点（见图 2-3）。

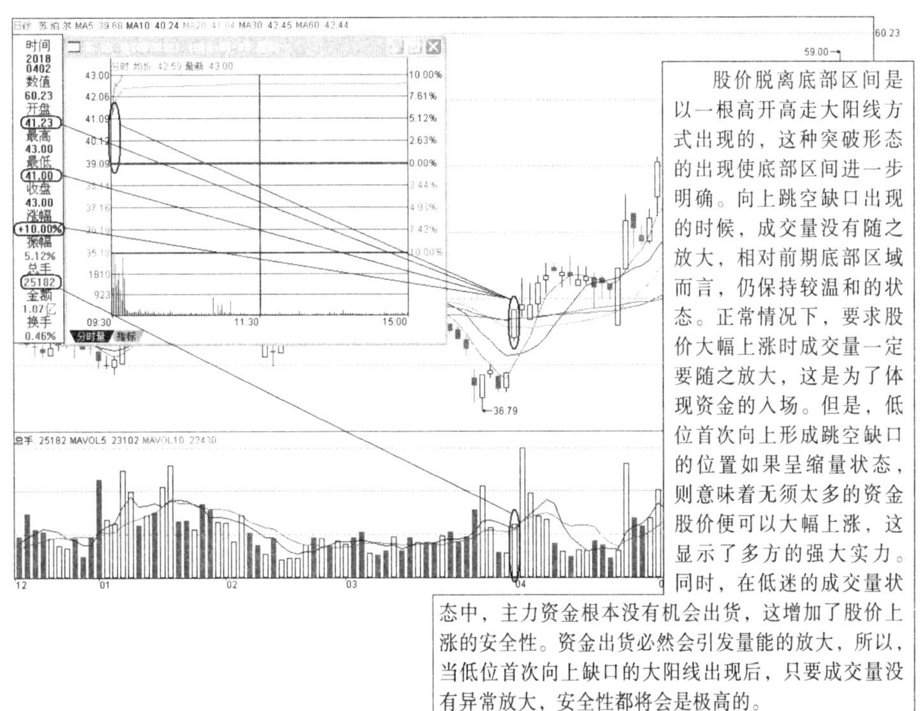
股价脱离底部区间是以一根高开高走大阳线方式出现的，这种突破形态的出现使底部区间进一步明确。向上跳空缺口出现的时候，成交量没有随之放大，相对前期底部区域而言，仍保持较温和的状态。正常情况下，要求股价大幅上涨时成交量一定要随之放大，这是为了体现资金的入场。但是，低位首次向上形成跳空缺口的位置如果呈缩量状态，则意味着无须太多的资金股价便可以大幅上涨，这显示了多方的强大实力。同时，在低迷的成交量状态中，主力资金根本没有机会出货，这增加了股价上涨的安全性。资金出货必然会引发量能的放大，所以，当低位首次向上缺口的大阳线出现后，只要成交量没有异常放大，安全性都将会是极高的。

图 2-3 苏泊尔 2017 年 12 月至 2018 年 6 月日 K 线走势和 2018 年 4 月 2 日分时走势

（二）经典案例

从图 2-4 中可以看到，苏泊尔的股价经过持续的下跌走势之后，特别是 3 月 23 日出现一个向下跳空缺口，下降通道变得极为陡峭。但行情随即发生了峰回路转，次日放量探出阶段性低点 36.79 元之后，后期基本围绕这个位置波动，形成一段窄幅的横盘震荡区间，这种走势的个股就需要密切关注了。低位区域的横盘震荡说明在蓄势，只是方向难以判明。如果继续放量向下破位即需要立刻卖出规避风险，如果向上突破则可以及时跟进。股价经过一波盘整后，4月2日首次出现向上跳空突破的形态，这一向上跳空缺口一举封闭了前期的向下缺口的压力，这种突破前期重要压力位的强势上涨形态既是主力的一次试盘行为，也是一次拉高建仓的操作。股价虽然在后期走势中出现调整的走势，但4月2日的向上缺口支撑还是坚实的。同时，在股价强势突破后，大盘走势也呈现稳健的上涨态势。通常情况下，在研判个股突破后的回抽确认过程中，一定要结合同期的大盘走势来做出买卖决策。

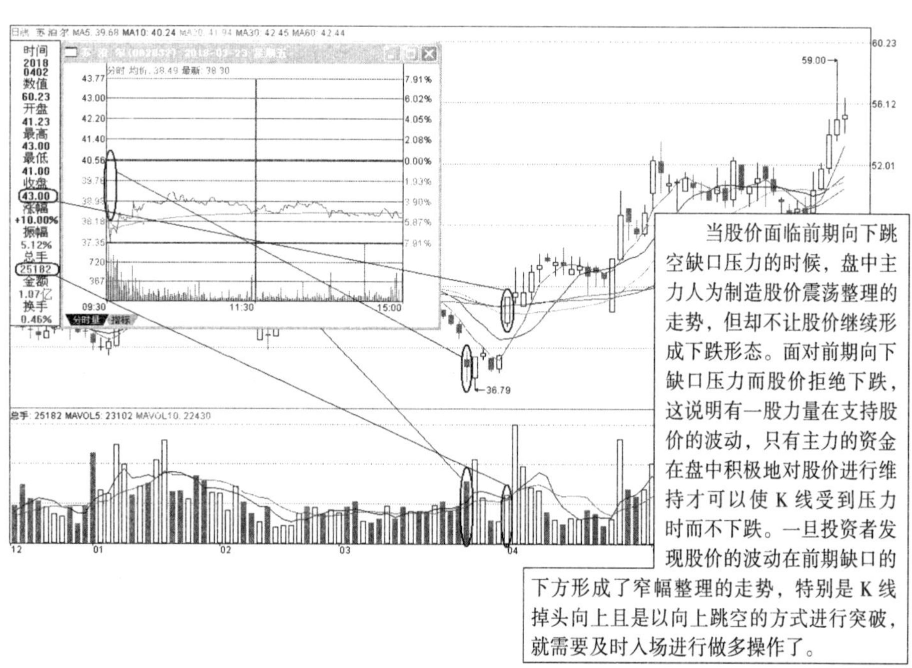
当股价面临前期向下跳空缺口压力的时候，盘中主力人为制造股价震荡整理的走势，但却不让股价继续形成下跌形态。面对前期向下缺口压力而股价拒绝下跌，这说明有一股力量在支持股价的波动，只有主力的资金在盘中积极地对股价进行维持才可以使K线受到压力时而不下跌。一旦投资者发现股价的波动在前期缺口的下方形成了窄幅整理的走势，特别是K线掉头向上且是以向上跳空的方式进行突破，就需要及时入场进行做多操作了。
59.00
36.79
60.23
56.12
52.01
时间
2018
0402
数值
60.23
开盘
41.23
最高
43.00
最低
41.00
收盘
43.00
涨幅
+10.00%
振幅
5.12%
总手
25182
金额
1.07亿
换手
0.46%
09:30
11:30
15:00
总手: 25182 MAVOL5: 23102 MAVOL10: 22430
12
01
02
03
04

图2-4　苏泊尔2017年12月至2018年6月日K线走势和2018年3月23日分时走势

（三）操作要略

（1）首次向上缺口出现在股价的中长期波动趋势转换的时候，这个时候，个股跟随指数而大幅波动的概率是很大的。在个股与指数同步进入较大的行情当中，突破性缺口的出现是不足为奇的。大盘指数强势变化的背后，个股分化严重的情况下，此阶段出现向上突破性缺口是很正常的事情。

（2）脱离中期或阶段性底部的向上突破性缺口形成后，股价出现连续的上涨走势，至此股价顺利进入上升通道之中。向上突破性缺口的出现就是将股价带进强势上涨的重要信号了。

（3）首次向上缺口形态出现以后，股价在持续上涨的过程中，成交量必须有效放大。只有持续补量，才能对低位区域向上跳空反转形态进行有效确认。因为量在前价格在后，上涨必须有持续的资金推动。

（4）首次向上缺口的形态特征，其实是非常好把握的。K 线实体至少有一个或两个反向缺口的出现，基本上就能够确认首次向上或岛形缺口反转形态了。向上缺口持续时间越是短暂，量能逐波放大的股票，后期上涨的幅度将会越大。投资者追涨这样的股票，能够获得中长期的投资收益。

三、上升阴阳共振

（一）走势综述

股价在上涨的过程中，通常会出现调整甚至出现大幅下挫的走势，但是不久会出现强势震荡过后回升的现象，这就说明在强势震荡的区间内有大量买盘在接盘，因此会出现 K 线和成交量异动共振的现象。股价在大致相同的价位阴阳逆向波动，其相邻两根开盘价和收盘价基本接近、实体长度大体相当的 K 线组合就是上升阴阳共振的形态。在一般情况下，多数阴阳共振 K 线形态并不表示出现明确的转势信号，只有处在股价大幅下跌后或者在上升途中的回调后，且异动空跳的并列阴阳 K 线，成为起涨的信号可靠性才比较高。如果同时放量则能确认做多真实，就可以排除一些诱多空涨行为。上升并列阴阳走势出现后，表明调整走势即将结束，后市将会出现反弹行情，短中长线投资者现价买入，都会获得满意的收益（见图 2-5）。

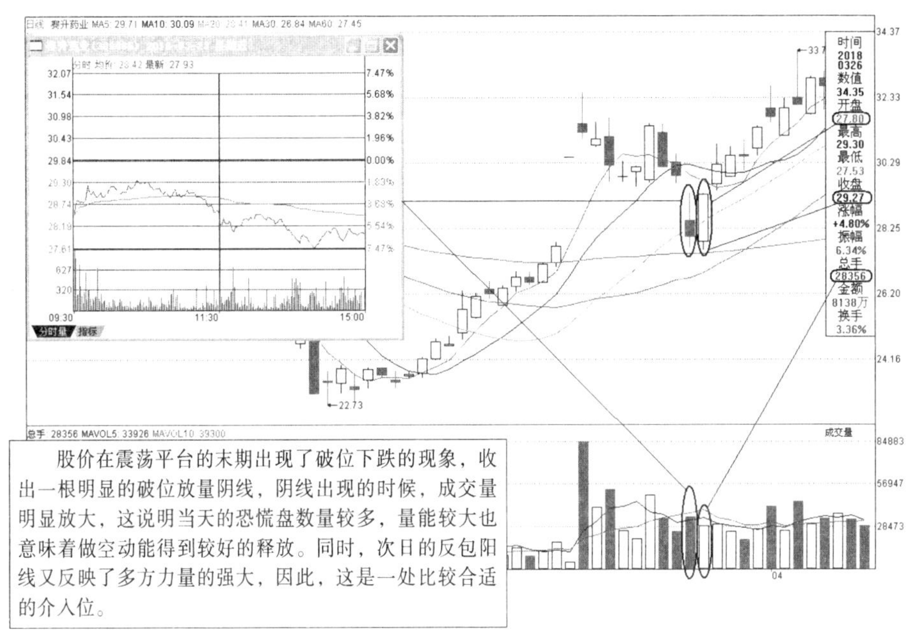
日线　赛升药业 MA5: 29.71 MA10: 30.09 MA30: 26.84 MA60: 27.45
时间
2018
0326
数值
34.35
开盘
27.80
最高
29.30
最低
27.53
收盘
29.27
涨幅
+4.80%
振幅
6.34%
总手
28356
金额
8138万
换手
3.36%
总手 28356 MAVOL5: 33926 MAVOL10: 39300
成交量
股价在震荡平台的末期出现了破位下跌的现象，收出一根明显的破位放量阴线，阴线出现的时候，成交量明显放大，这说明当天的恐慌盘数量较多，量能较大也意味着做空动能得到较好的释放。同时，次日的反包阳线又反映了多方力量的强大，因此，这是一处比较合适的介入位。

图 2-5　赛升药业 2018 年 1 月至 4 月日 K 线走势和 2018 年 3 月 23 日分时走势

（二）经典案例

从图 2-6 中可以看到，赛升药业的股价经过十多个交易日的震荡整理之后，股价选择了破位向下的动作。3 月 23 日，股价大幅低开并伴随着放量现象的出现，但是探底后不久便出现回升，这就说明在底部有大量买盘在接盘，因此成交量出现明显的增大，而股价也瞬间会从低位快速回弹，在 K 线图中留下了长长的上影线，实际上这是盘中主力在洗盘，仅仅是为了清除掉一些低位跟风盘。该股此前快速下跌，然后跌势减缓，这说明盘中做空动能呈现衰竭的特征，但做空动能消失并不代表上涨行情必然马上出现，行情逆转需要盘面形成发生异动来验证。7月2日这根中阳线就是走势逆转的标志。这根反转的中阳线把前日阴线全部吞没，说明多头已经彻底把空头打垮，行情发生逆转特征极为明显，是一个买入的时机，因此后市将出现修正性的上涨行情。次日，股价惯性低开后便一路走高，直至收盘基本上以最高点报收，这说明这一天的盘中空方完全放弃了抵抗，多方占据了上风，这种阴阳共振现象应当引起重视，一旦股价后期盘中有明确突破性起涨信号时，投资者就可以积极入场进行操作。

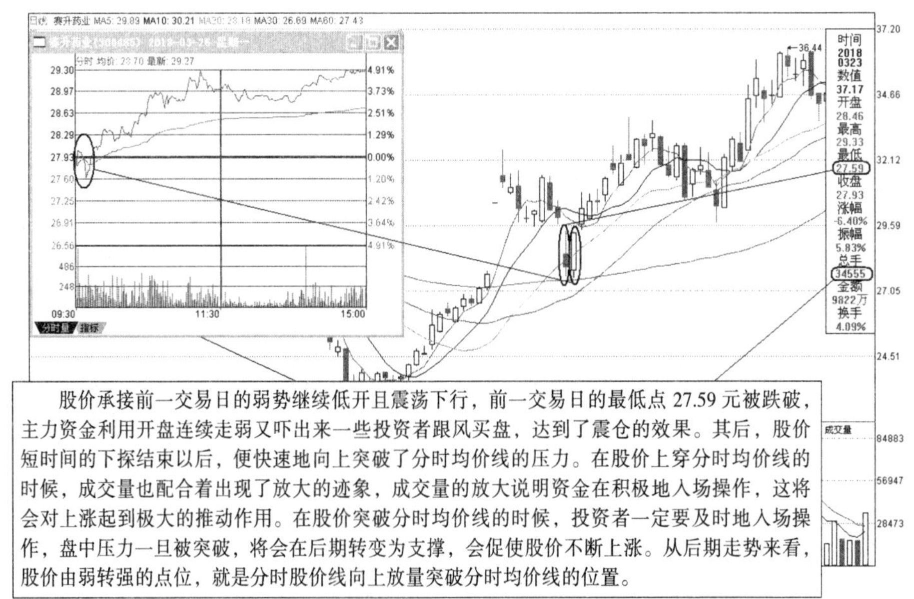
股价承接前一交易日的弱势继续低开且震荡下行，前一交易日的最低点27.59元被跌破，主力资金利用开盘连续走弱又吓出来一些投资者跟风买盘，达到了震仓的效果。其后，股价短时间的下探结束以后，便快速地向上突破了分时均价线的压力。在股价上穿分时均价线的时候，成交量也配合着出现了放大的迹象，成交量的放大说明资金在积极地入场操作，这将会对上涨起到极大的推动作用。在股价突破分时均价线的时候，投资者一定要及时地入场操作，盘中压力一旦被突破，将会在后期转变为支撑，会促使股价不断上涨。从后期走势来看，股价由弱转强的点位，就是分时股价线向上放量突破分时均价线的位置。

图2-6 赛升药业2017年12月至2018年5月日K线走势和2018年3月26日分时走势

（三）操作要略

（1）上升阴阳共振的首根阴线如出现长的上下影线，而成交量伴随着放大，可以认定是主力在震仓洗盘。因此后市上涨的概率很大，但如果单根 K 线上下震幅不大，盘中主力既难以出货也难以吸筹，就要有耐心等待变盘信号的出现。

（2）阴阳共振形态是以向下跳空的方式出现的，一般跌幅不会太深，特别是次日阳线反包阴线，这是主力在打压震仓洗盘，投资者则要耐心等待，后市必定会有快速反抽上涨的过程。

（3）上涨途中的阴阳共振形态有一个共性，那就是股价调整的时间非常短，调整仅进行了两天股价便再度发力向上，在牛市行情中主力不会浪费太多时间进行震仓操作，震仓时间越长越容易错过行情，较短时间的震仓，象征性的震仓就已足够。

四、平台突破阳线

（一）走势综述

平台突破阳线是指股价经过较大幅度下跌，逐步出现企稳回升的走势。由于多空双方都较为谨慎，股价脱离底部区域不久，便又形成了一段整理平台。虽然此时的股价位置从短线角度来看已经形成了一定的涨幅，但是从中长期的角度来看它仍是一个较低的价位区间，而之前的温和放量上涨则往往意味着主力的拉升建仓及做多意图，因而在经过这种强势平台整理之后，股价仍会回到上升通道之中，而强势横盘过程就是投资者短线介入的好时机。某日，股价出现了突破性的上涨行情，且当天的 K 线一举突破多条短中期均线的压制，形成平台突破形态，这预示着该股股价将发动一波快速上涨。股价突破当天的成交量相比前几个交易日有明显的放大，这说明有资金流入该股，投资者可以考虑加大仓位。此时的各项技术指标必然是同步拐头向上，这也预示着股价将开启新一轮中期行情（见图 2-7）。

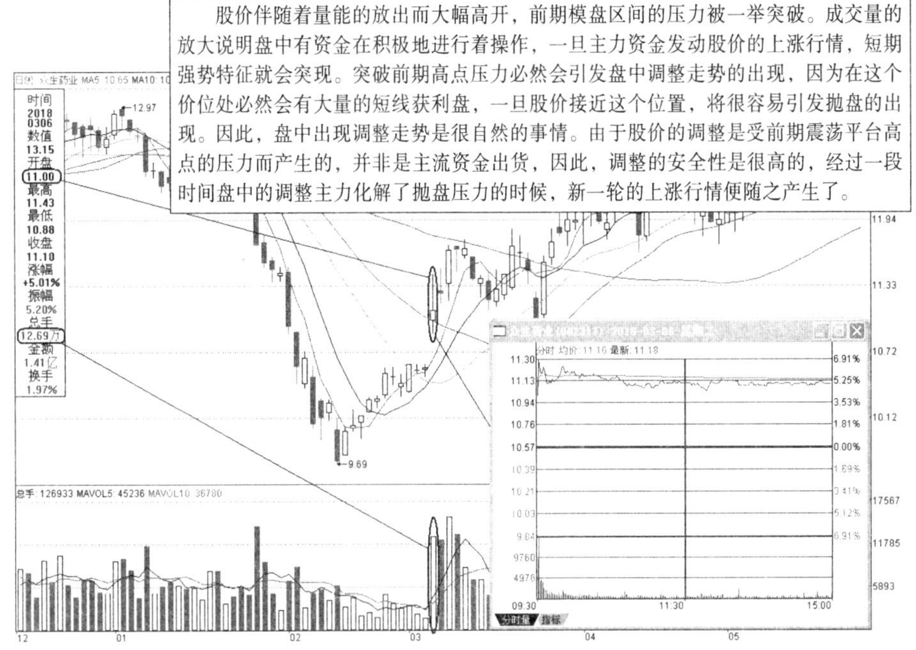
股价伴随着量能的放出而大幅高开，前期模盘区间的压力被一举突破。成交量的放大说明盘中有资金在积极地进行着操作，一旦主力资金发动股价的上涨行情，短期强势特征就会突现。突破前期高点压力必然会引发盘中调整走势的出现，因为在这个价位处必然会有大量的短线获利盘，一旦股价接近这个位置，将很容易引发抛盘的出现。因此，盘中出现调整走势是很自然的事情。由于股价的调整是受前期震荡平台高点的压力而产生的，并非是主流资金出货，因此，调整的安全性是很高的，经过一段时间盘中的调整主力化解了抛盘压力的时候，新一轮的上涨行情便随之产生了。

图 2-7　众生药业 2017 年 12 月至 2018 年 5 月日 K 线走势和 2018 年 3 月 6 日分时走势（1）

（二）经典案例

图 2-8 中可以看到，众生药业的股价从 2018 年 1 月末开始就出现了新一轮的破位下跌走势，下跌角度骤然加大，短时间内跌幅巨大。2 月 9 日，股价触底 9.69 元后出现了止跌企稳的走势，股价重心出现了一定程度的上移，随后在主力短期快速建仓的带动下出现了连续温和放量上涨的走势。随着股价短期内的急速上冲，此区域内的成交量也呈堆积放大之势。然而，短期快速放量上冲后，此股并没有出现较大幅度的回调，而是

从 2 月 26 日开始形成了一段中继性窄幅整理平台，窄幅整理平台内的量能也呈逐级萎缩之势。3 月 6 日一根突破性向上跳空阳线出现了，成交量也呈现阶段巨量，此时出现的放量突破平台的动作可以视为新一轮上涨就此启动。放量突破整理平台意味着主力做多的决心，因此投资者可以在平台整理区及突破平台的位置持续增加仓位，以扩大投资收益。

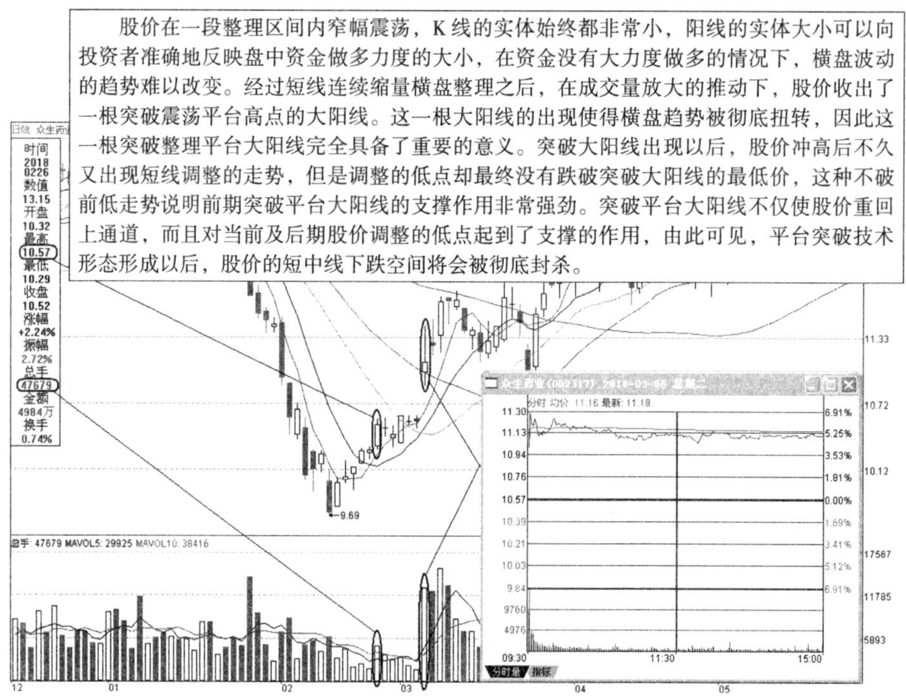
股价在一段整理区间内窄幅震荡，K 线的实体始终都非常小，阳线的实体大小可以向投资者准确地反映盘中资金做多力度的大小，在资金没有大力度做多的情况下，横盘波动的趋势难以改变。经过短线连续缩量横盘整理之后，在成交量放大的推动下，股价收出了一根突破震荡平台高点的大阳线。这一根大阳线的出现使得横盘趋势被彻底扭转，因此这一根突破整理平台大阳线完全具备了重要的意义。突破大阳线出现以后，股价冲高后不久又出现短线调整的走势，但是调整的低点却最终没有跌破突破大阳线的最低价，这种不破前低走势说明前期突破平台大阳线的支撑作用非常强劲。突破平台大阳线不仅使股价重回上通道，而且对当前及后期股价调整的低点起到了支撑的作用，由此可见，平台突破技术形态形成以后，股价的短中线下跌空间将会被彻底封杀。
时间
2018
0226
数值
13.15
开盘
10.32
最高
10.57
最低
10.29
收盘
10.52
涨幅
+2.24%
振幅
2.72%
总手
47679
金额
4984万
换手
0.74%
11.33
10.72
10.12
9.69
总手: 47679 MAVOL5: 29925 MAVOL10: 38416
17567
11785
5893
12
01
02
03
04
05
分时 均价 11.16 最新 11.18
11.30
11.13
10.94
10.76
10.57
10.39
10.21
10.03
9.84
9760
4976
6.91%
5.25%
3.53%
1.81%
0.00%
09:30
11:30
15:00
分时量
指标

图 2-8　众生药业 2017 年 12 月至 2018 年 5 月日 K 线走势和 2018 年 3 月 6 日分时走势（2）

（三）操作要略

（1）平台突破阳线出现之前，股价必须有一个明确的企稳快速上涨的过程，以确认底部已经探明。由于股价总体上仍处于一个较低的价位区间，低位跟进的短线跟风盘会在个股短期出现较大幅度上涨之后，兑现其手中的获利筹码，但是主力机构则不会这样做。主力机构只有在把股价拉升到一个可以出货的区域时才会有出货动作，这个区域从中长线的角度来看是处于历史的高价区间。

（2）股价触底回升也意味着主力资金有拔高建仓的迹象，因而低位区域出现企稳回升的过程中，其成交量逐级放出，即使在随后的强势横盘区间出现一定程度的相对缩量，由于前期的放量上涨激活了个股的股性，短期出现缩量整理也是情理之中的事情，后期仍有继续向上拓展空间的可能。

（3）股价一旦形成平台突破的走势，其最明显的技术特征就是成交量会出现放大的迹象，在突破平台的位置如果能够收出大实体阳线则是最好的，这说明多方突破压力并展开上攻的力度强大。当然，如果股价以缓慢的形式或带长下影线震荡的方式形成突破也是可以的。强劲的突破将会在短时间内形成强劲的上涨，缓慢地突破价格也可能会经历一段时间的缓慢上涨后才会快速上攻。无论哪种形态的突破出现都不影响后期获利。

五、震荡低点抬高

（一）走势综述

震荡低点抬高就是指股价在上升通道之中运行，阶段性调整中形成一段中继宽幅震荡的平台，并形成一个阶段性的低点。反复区间震荡的过程中又形成一个相对低点，但只要第二个相对低点没有跌破第一个相对低点，投资者便可以考虑入场做多。震荡低点抬高形态反映了股价在震荡整理之后空方力量的衰竭，无法再次创出新低，意味着做空动能得到有效释放，因此，股价很容易形成连续反弹的走势。这是抄底过程中成功率相对较高的一种方法，新低不破可以视为左低右高的上升型的双底形态。这种技术形态常出现在上涨中途股价的宽幅调整区间。震荡低点抬高反映的是空方力度不足，不能促使股价形成破位，空方力量小，自然多方力量就大，因此，可以视为做多机会的到来（见图 2-9）。

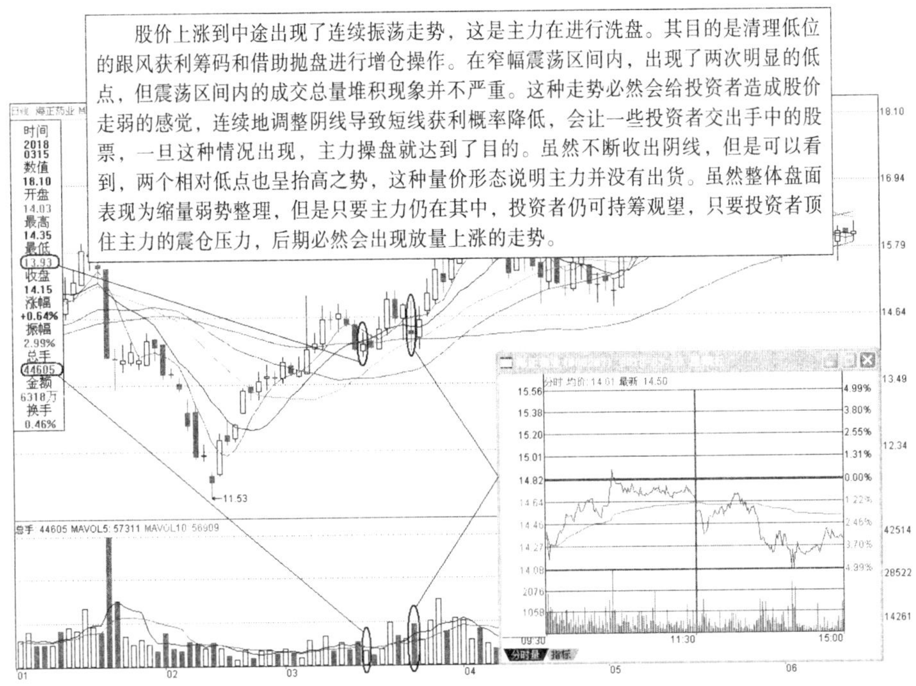
股价上涨到中途出现了连续振荡走势，这是主力在进行洗盘。其目的是清理低位的跟风获利筹码和借助抛盘进行增仓操作。在窄幅震荡区间内，出现了两次明显的低点，但震荡区间内的成交总量堆积现象并不严重。这种走势必然会给投资者造成股价走弱的感觉，连续地调整阴线导致短线获利概率降低，会让一些投资者交出手中的股票，一旦这种情况出现，主力操盘就达到了目的。虽然不断收出阴线，但是可以看到，两个相对低点也呈抬高之势，这种量价形态说明主力并没有出货。虽然整体盘面表现为缩量弱势整理，但是只要主力仍在其中，投资者仍可持筹观望，只要投资者顶住主力的震仓压力，后期必然会出现放量上涨的走势。
时间
2018
0315
数值
18.10
开盘
14.03
最高
14.35
最低
13.93
收盘
14.15
涨幅
+0.64%
振幅
2.99%
总手
44605
金额
6318万
换手
0.46%
11.53
总手 44605 MAVOL5: 57311 MAVOL10: 56909
分时 均价: 14.61 最新 14.50
分时量
指标

图 2-9　海正药业 2018 年 1 月至 6 月日 K 线走势和 2018 年 3 月 23 日分时走势

（二）经典案例

图 2-10 中可以看到，海正药业的股价于 2018 年 2 月 19 日见底 11.53 元之后出现上涨行情，成交量温和放大，量能在底部区间放得越大说明主力的建仓量在逐级增大。如果股价一直上涨，主力的建仓成本必然会不断提高，因此，在建仓区间主力必须要控制股价的上涨，以达到在较低价格处大量买入股票的目的。2018 年 3 月中旬，股价出现了调整，短线走势形成了滞胀格局，并构筑了一段中继震荡平台。从区间内的整体 K 线形

态来看，股价的波动重心基本保持水平状态，这使得主力的建仓成本较为统一，股价上涨没有关系，人为把股价打落下来就可以重新在较低的位置进行买入，这就是主力建仓区间震仓的必要性。股价在 2018 年 3 月 15 日和 3 月 23 日形成了两个相对低点，其中后低点高于前低点，且呈现出后量超前量而不跌的强势特征，预示股价将要企稳上涨。投资者需要观察该股随后的走势，股价持续反弹突破震荡区间的上轨压力，则可迅速跟进买入。股价如果跌破下影线最低点，则说明窄幅整理的行情还将延续，投资者不可轻易入场。此时投资者还要结合 MACD

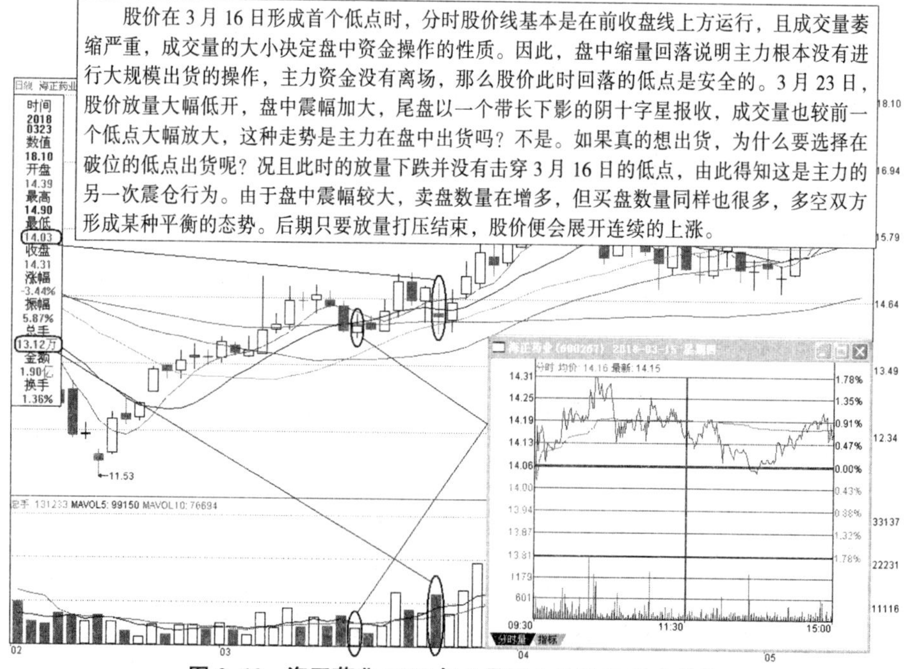
股价在 3 月 16 日形成首个低点时，分时股价线基本是在前收盘线上方运行，且成交量萎缩严重，成交量的大小决定盘中资金操作的性质。因此，盘中缩量回落说明主力根本没有进行大规模出货的操作，主力资金没有离场，那么股价此时回落的低点是安全的。3 月 23 日，股价放量大幅低开，盘中震幅加大，尾盘以一个带长下影的阴十字星报收，成交量也较前一个低点大幅放大，这种走势是主力在盘中出货吗？不是。如果真的想出货，为什么要选择在破位的低点出货呢？况且此时的放量下跌并没有击穿 3 月 16 日的低点，由此得知这是主力的另一次震仓行为。由于盘中震幅较大，卖盘数量在增多，但买盘数量同样也很多，多空双方形成某种平衡的态势。后期只要放量打压结束，股价便会展开连续的上涨。
时间
2018
0323
数值
18.10
开盘
14.39
最高
14.90
最低
14.03
收盘
14.31
涨幅
-3.44%
振幅
5.87%
总手
13.12万
金额
1.90亿
换手
1.36%
11.53
MAVOL5: 99150 MAVOL10: 76684
均价 14.16 最新 14.15
09:30
11:30
15:00

图 2-10 海正药业 2018 年 2 月至 5 月日 K 线走势和 2018 年 3 月 15 日分时走势

指标进行研判，该指标此时出现拐头向上形态，这也预示股价将上涨。

（三）操作要略

（1）震荡低点抬高形态可以在股价波动的任何环节中使用。当然，在股价的价位越低时，其使用效果越好；连续上涨的高位虽然也可以运用，但是做多的风险会加大，并且股价连续上涨以后，虽然各项指标会发出做多提示，但后期价格的涨幅可能也会比较小。

（2）震荡低点抬高孕育的区间是股价出现调整并结束的位置，这个位置往往是新一轮上涨的开始，是较好的做多点位。这一震荡区内的调整的幅度或级别越低，其安全性越大，调整结束后的走势上涨概率极大。否则，股价直接跌下去算了，也没有调整完后再上涨的必要。

（3）震荡低点抬高形态的末端，如果成交量逐步放出则说明股价的上涨力度较强。市场参与各方入场较为积极。

六、一阳吞多阴

（一）走势综述

一阳吞多阴是指股价与成交量同时覆盖前期的多根 K 线的走势形态，即股价 K 线走出反包容形态的同时，成交量的柱状线也呈现出阶段性巨量。这种形态的启动前特征必须以股价经历一波较快下跌走势后，做空动能得到较大程度的释放，股价有明显的企稳筑底的迹象或已经形成盘中弱势反弹的格局。同时，此时的大盘也同步处于盘整或上涨行情中。一阳吞多阴走势出现后，股价实际上已经处于历史性或阶段性底部的区域内，技术性反抽一触即发，如果此时能够出现一阳吞多阴形态，则是强烈的上涨启动信号。同时，成交量呈现阶段性巨量的特征，主力集中介入的迹象极为明显。股价形成一阳吞多阴形态的次日，多会出现高开高走行情。即便一阳吞多阴的次日，股价出现回抽确认的走势，也是良性的。后期如能够顺利突破某一重要阻力位，则可增大该股上涨的概率。一阳吞多阴次日，股价出现强势整理的过程，是另一处较为理想的介入点，反之股价放量跌破一阳吞多阴的开盘价时，则是该股的卖点（见图 2–11）。

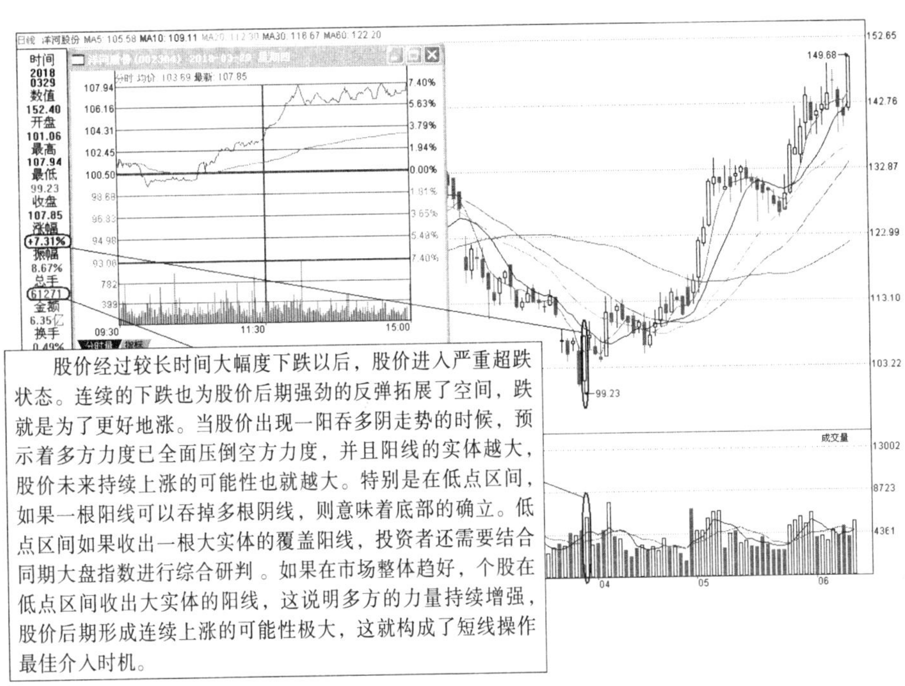

股价经过较长时间大幅度下跌以后，股价进入严重超跌状态。连续的下跌也为股价后期强劲的反弹拓展了空间，跌就是为了更好地涨。当股价出现一阳吞多阴走势的时候，预示着多方力度已全面压倒空方力度，并且阳线的实体越大，股价未来持续上涨的可能性也就越大。特别是在低点区间，如果一根阳线可以吞掉多根阴线，则意味着底部的确立。低点区间如果收出一根大实体的覆盖阳线，投资者还需要结合同期大盘指数进行综合研判。如果在市场整体趋好，个股在低点区间收出大实体的阳线，这说明多方的力量持续增强，股价后期形成连续上涨的可能性极大，这就构成了短线操作最佳介入时机。
时间
2018
0329
数值
152.40
开盘
101.06
最高
107.94
最低
99.23
收盘
107.85
涨幅
+7.31%
振幅
8.67%
总手
61271
金额
6.35亿
换手
149.68
99.23
152.65
142.76
132.87
122.99
113.10
103.22
成交量
13002
8723
09:30
11:30
15:00
04
05
06

图 2–11　洋河股份 2017 年 10 月至 2018 年 6 月日 K 线走势和 2018 年 3 月 29 日分时走势

（二）经典案例

图 2–12 中可以看到，洋河股份的股价从 2018 年 2 月下旬开始展开一波快速的调整走势，首次破位下跌是在 2 月 28 日，再次破位是在 3 月 23 日。但 3 月 23 日破位走势出现后，股价并没有一路单边下探，而是形成了一个宽幅震荡的底部区间。股价从 3 月 23 日开始，连续多个交易日持续震荡整理，3 月 29

日以一根探底回升反包大阳线结束了中期调整形态。3 月 29 日的这根反包大阳线的实体一举吞掉了前期多根调整 K 线，并且成交量呈现出阶段性巨量。通常情况下，当股价在底部区间出现一阳吞多阴形态后，股价继续上涨，且不再回调到大阳线实体的内部，则可认定企稳上升的形态成立，这预示必然会发动一波上涨行情，投资者需密切观察股价其后的走势。其后，股价经过三个交易日的强势整理后，股价继续向上拓展空间，成交量也呈堆积放大之势，短中期均线也呈多头排列，这说明新

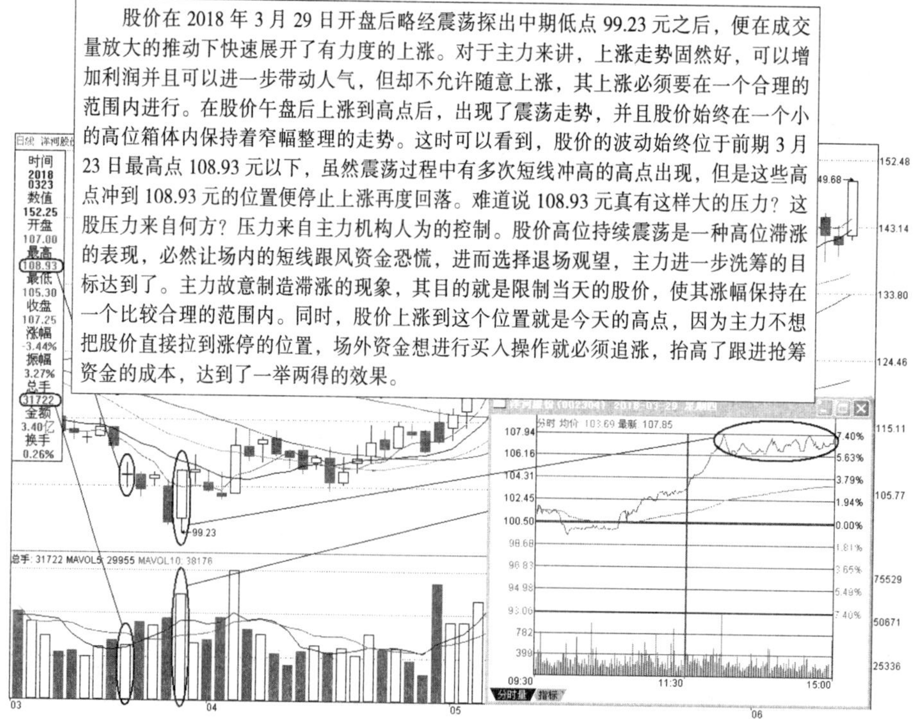
股价在 2018 年 3 月 29 日开盘后略经震荡探出中期低点 99.23 元之后，便在成交量放大的推动下快速展开了有力度的上涨。对于主力来讲，上涨走势固然好，可以增加利润并且可以进一步带动人气，但却不允许随意上涨，其上涨必须要在一个合理的范围内进行。在股价午盘后上涨到高点后，出现了震荡走势，并且股价始终在一个小的高位箱体内保持着窄幅整理的走势。这时可以看到，股价的波动始终位于前期 3 月 23 日最高点 108.93 元以下，虽然震荡过程中有多次短线冲高的高点出现，但是这些高点冲到 108.93 元的位置便停止上涨再度回落。难道说 108.93 元真有这样大的压力？这股压力来自何方？压力来自主力机构人为的控制。股价高位持续震荡是一种高位滞涨的表现，必然让场内的短线跟风资金恐慌，进而选择退场观望，主力进一步洗筹的目标达到了。主力故意制造滞涨的现象，其目的就是限制当天的股价，使其涨幅保持在一个比较合理的范围内。同时，股价上涨到这个位置就是今天的高点，因为主力不想把股价直接拉到涨停的位置，场外资金想进行买入操作就必须追涨，抬高了跟进抢筹资金的成本，达到了一举两得的效果。
时间
2018
0323
数值
152.25
开盘
107.00
最高
108.93
最低
105.30
收盘
107.25
涨幅
-3.44%
振幅
3.27%
总手
31722
金额
3.40亿
换手
0.26%
99.23
总手: 31722 MAVOL5: 29955 MAVOL10: 38176
152.48
143.14
133.80
124.46
115.11
105.77
75529
50671
25336
分时 均价 103.69 最新 107.85
107.94
106.16
104.31
102.45
100.50
98.68
96.83
94.98
93.06
7.40%
5.63%
3.79%
1.94%
0.00%
1.81%
3.65%
5.49%
7.40%
09:30
11:30
15:00
分时量
指标
03
04
05
06

图 2-12　洋河股份 2018 年 3 月至 6 月日 K 线走势和 2018 年 3 月 29 日分时走势

一轮上升行情就此展开，投资者需要顺势而为，以便扩大投资收益。

（三）操作要略

（1）一阳吞多阴形态出现前，股价必须有一个持续且快速下跌的过程。下跌过程中阴线的数量比阳线多，同时阴线的实体比阳线大，且成交量要从放量下跌转变为无量下跌，这样做空动能才能得到有效释放。

（2）一阳吞多阴形态最基本的 K 线图特征是一阳可以吃多阴，这一根大阳线吃掉的前期阴线或 K 线实体数量越多，未来上涨的概率也就越大。如果一阳吞多阴以涨停方式出现，则更充分地说明了多方力度的强大，当然如果没有涨停，那就要求这一根大阳线是近期比较罕见的实体阳线。

（3）一阳吞多阴形态出现以后，股价也有可能出现回落或回抽确认的走势，但从历史的走势来看，这种可能性小于上涨的可能性，投资者操作过程中要服从于大概率事件。一阳吞多阴形态不仅对下跌行情起到了阻止的作用，而且对未来的上涨起到了促进的作用，一阳吞多阴形态的出现也必须对多头的人气起到促进作用。

七、向上跳空星K线

（一）走势综述

股价经过连续上涨行情之后，某一日，股价收出一条向上跳空开盘的星形小阳线，成交量在盘中出现不规则放大的现象，且星形小阳线与前一日的K线实体在收盘时留下一处向上的跳空缺口，这种向上的跳空星K线形态是一种上涨的中继形态，后期股价继续上升概率较高。股价收出向上跳空星K线的当天，上下波动的幅度比较大，但整体跌幅极为有限，收盘多以“假阴线”的形式报收，这说明参与盘中对峙的多空双方的积极性不高，多方仍控制着盘面局势，场内锁仓待涨情绪仍很强烈。盘中所释放的成交量中大部分都是由于股价冲高过程中所产出的，毕竟在形成向上跳空星K线当天，盘中的抛压并不严重。向上跳空星K线形成的出现也预示着股价在盘中仍旧形成了一定的涨幅，股价在短期均线上的盘中调整多是良性的，这种中继性质的短线强势整理过后，股价继续向上拓展行情的可能性较大（见图2-13）。

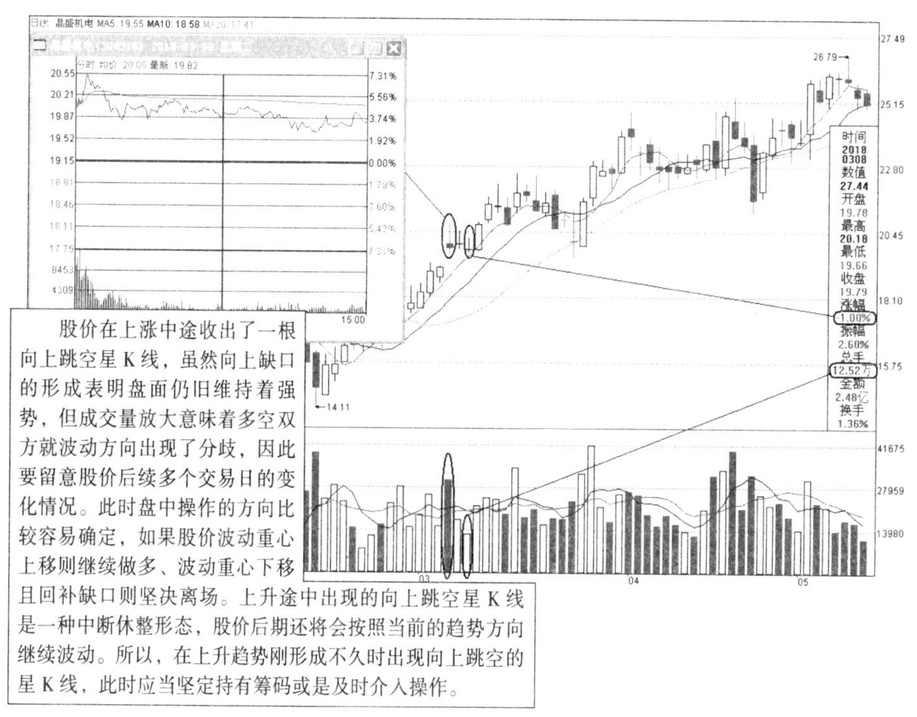
股价在上涨中途收出了一根向上跳空星 K 线，虽然向上缺口的形成表明盘面仍旧维持着强势，但成交量放大意味着多空双方就波动方向出现了分歧，因此要留意股价后续多个交易日的变化情况。此时盘中操作的方向比较容易确定，如果股价波动重心上移则继续做多、波动重心下移且回补缺口则坚决离场。上升途中出现的向上跳空星 K 线是一种中断休整形态，股价后期还将会按照当前的趋势方向继续波动。所以，在上升趋势刚形成不久时出现向上跳空的星 K 线，此时应当坚定持有筹码或是及时介入操作。
时间
2018
0308
数值
27.44
开盘
19.78
最高
20.18
最低
19.66
收盘
19.79
涨幅
1.00%
振幅
2.60%
总手
12.52万
金额
2.48亿
换手
1.36%
26.79
14.11

图 2-13　晶盛机电 2017 年 12 月至 2018 年 5 月日 K 线走势和 2018 年 3 月 6 日分时走势（1）

（二）经典案例

从图 2-14 中可以看到，晶盛机电的股价 2018 年 2 月 7 日探出阶段性低点 14.11 元之后，随着调整的结束，股价再次形成放量上涨的走势。特别是 3 月 6 日，首先在上升波段中形成一处向上跳空缺口，这根放量跳空向上的“阴”星 K 线出现以后，股价并未继续上涨，而是形成了缩量横盘调整的走势。3 月 7 日和 8 日，股价在这根向上缺口的上方连续又出现了两根强势横盘的十字线，成交量较 3 月 6 日的向上跳空星 K 线大幅萎缩。盘面的调整形态为标准的横盘，调整的低点受到 3 月 6 日向上跳空星 K 线收盘价的强劲支撑，股价调而不跌，体现了多方占据着市场的主动，空方无力将股价打落下来。这种放量到缩量的星 K 线组合形态的出现说明股价当前所处的位置只是上涨中途，而并非是上涨末期，因此，后期还会有延续性上涨行情的出现。向上跳空星 K 线出现的位置越低，股价未来上涨的空间也就越大，同时，调整区间成交量逐级的萎缩迹象越明显，股价未来上涨的动力也就越足。

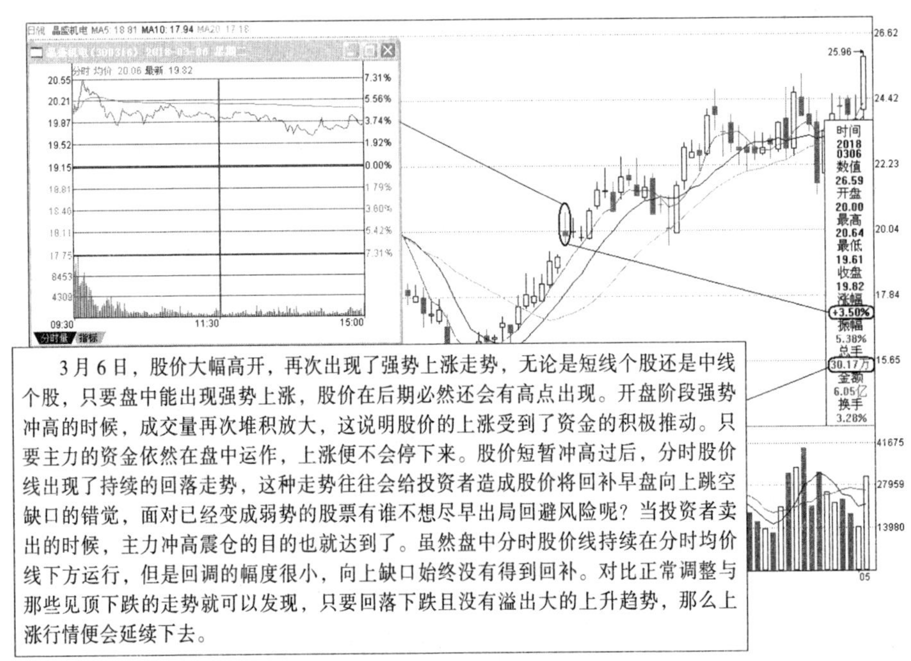
时间
2018
0306
数值
26.59
开盘
20.00
最高
20.64
最低
19.61
收盘
19.82
涨幅
+3.50%
振幅
5.38%
总手
30.17万
金额
6.05亿
换手
3.28%
3 月 6 日，股价大幅高开，再次出现了强势上涨走势，无论是短线个股还是中线个股，只要盘中能出现强势上涨，股价在后期必然还会有高点出现。开盘阶段强势冲高的时候，成交量再次堆积放大，这说明股价的上涨受到了资金的积极推动。只要主力的资金依然在盘中运作，上涨便不会停下来。股价短暂冲高过后，分时股价线出现了持续的回落走势，这种走势往往会给投资者造成股价将回补早盘向上跳空缺口的错觉，面对已经变成弱势的股票有谁不想尽早出局回避风险呢？当投资者卖出的时候，主力冲高震仓的目的也就达到了。虽然盘中分时股价线持续在分时均价线下方运行，但是回调的幅度很小，向上缺口始终没有得到回补。对比正常调整与那些见顶下跌的走势就可以发现，只要回落下跌且没有溢出大的上升趋势，那么上涨行情便会延续下去。

图 2-14　晶盛机电 2017 年 12 月至 2018 年 5 月日 K 线走势和 2018 年 3 月 6 日分时走势（2）

（三）操作要略

（1）向上跳空星 K 线形态并不能单独研判股价波动的方向，因为它所表达的仅仅是股价此时的多空双方出现分歧并形成短暂的僵局。但股价暂时的平稳状况是必将被打破的，但至于股价后期是涨还是跌，必须结合后期走势进行综合判断。星 K 线形态只表明短暂的平稳并不会延续，新的方向肯定会 出现，后期价格向上则找机会做多，价格向下则找机会做空。星 K 线实际上是一个短线变盘的信号，所以说向上跳空星 K 线出现之后，很多时候会给短线投资者带来极好的投机机会。

（2）在上涨的途中出现的向上跳空星 K 线形态，虽然盘中出现了持续的调整走势，但是其回落幅度都很浅，并且成交量也会持续萎缩，如果空方实力很强，调整幅度必然很深，至少向上跳空缺口会被封闭。因此，缺口上方的星 K 线是一种上涨中继形态，此时的调整并不是下跌开始的信号，而是上涨可以持续的信号。

（3）在上升趋势刚形成的时候，一旦收出首根向上跳空的星 K 线，请记住，千万不要平掉手中的仓位，甚至还可以在第一根向上跳空的星 K 线出现的时候借机加仓操作。另外，这一根向上跳空的星 K 线的实体越小，股价后期继续上涨的概率也就越大。因此，这一根阴线不仅不会对上升趋势起到破坏的作用，反而会对后期的上涨起到促进的作用。

八、前低支撑

（一）走势综述

所谓前低支撑是指股价在低位运行过程中，在K线走势图上形成了两个底部或多个底部，这些底部的最低价格可能是相同的，也可以有一定的差价，但从整体形状上来看，类似于K线不破前低的形状，而确认不破前低形态的条件就是在低位震荡的末端形成了一处向上跳空缺口，这一向上缺口确认了前低支撑有效，同时反转向上趋势确立，因此，有时这种底部形态也被称为前低支撑的形态。前低支撑这种底部形态的形成时间一般较短，但一旦前低支撑有效则意味着新一轮上涨行情就此启动，中期获利的概率可靠性就比较大。也就是说，这种底部再确认走势是一种上涨的信号。一般来讲，不破前低形态出现后，股价上涨的空间相对于其他形态来说也是比较大的。这种多次确认的底部形态有一个很明显的特征，就是当股价从向上缺口形成反转到前期阻力位时会放量上涨，此时就是买点出现，

投资者可以把握这次机会入场参与操作（见图 2-15）。

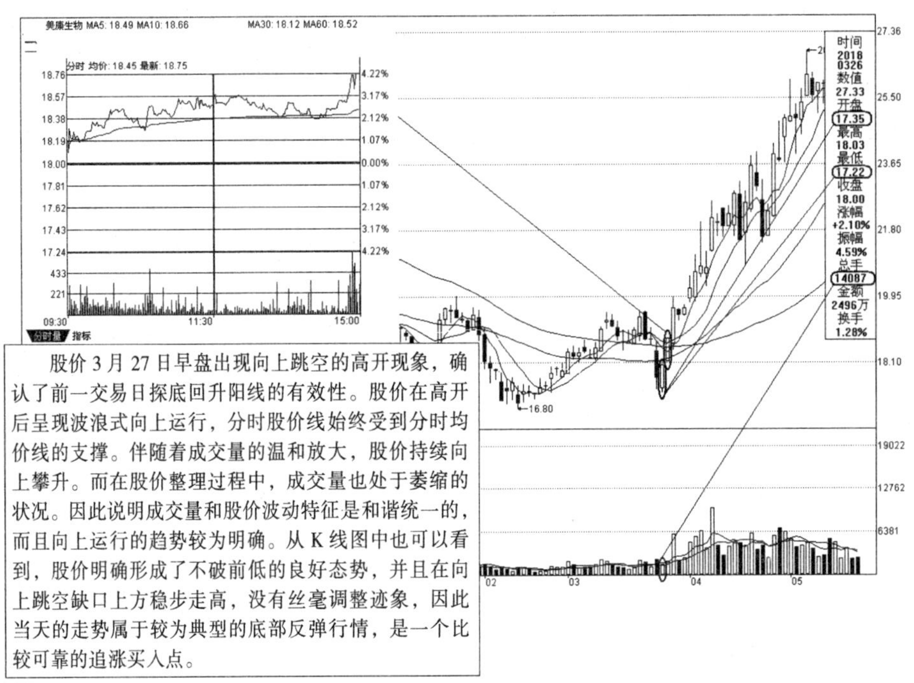
美康生物 MA5: 18.49 MA10: 18.66 MA30: 18.12 MA60: 18.52
分时 均价: 18.45 最新: 18.75
时间 2018 0326 数值 27.33 开盘 17.35 最高 18.03 最低 17.22 收盘 18.00 涨幅 +2.10% 振幅 4.59% 总手 14087 金额 2496万 换手 1.28%
16.80
股价3月27日早盘出现向上跳空的高开现象，确认了前一交易日探底回升阳线的有效性。股价在高开后呈现波浪式向上运行，分时股价线始终受到分时均价线的支撑。伴随着成交量的温和放大，股价持续向上攀升。而在股价整理过程中，成交量也处于萎缩的状况。因此说明成交量和股价波动特征是和谐统一的，而且向上运行的趋势较为明确。从K线图中也可以看到，股价明确形成了不破前低的良好态势，并且在向上跳空缺口上方稳步走高，没有丝毫调整迹象，因此当天的走势属于较为典型的底部反弹行情，是一个比较可靠的追涨买入点。

图 2-15 美康生物 2017 年 9 月至 2018 年 5 月日 K 线走势和 2018 年 3 月 27 日分时走势

（二）经典案例

从图 2-16 中可以看到，美康生物的股价在 2017 年 9 月上旬到 12 月上旬这段交易时间内，股价持续走出中期震荡下跌的走势。直到 2018 年 1 月下旬，股价经弱势反弹后出现快速下跌，并在 2 月 6 日形成一个阶段性低点 16.80 元。而后，股价在 3 月中旬反弹至前期压力位平台，但市场人气仍未得到有效恢复，前期低点买入的短线资金见好就收，落袋为安。同时成交量也出现萎缩，股价开始滞涨回落，从而形成一段相对的高点震荡区间。3月下旬形成低位震荡平台的高点区间，必然会对后期反弹造成影响。股价快速回调后又在3月26日出现一根探底回升大实体的中阳线，但量能并未有效放大，是否就此止跌还需要观察。3月27日，一根向上跳空的中阳线出现了，成交量虽呈温和之势，但这根向上跳空中阳线直接突破了短中期均线压制，还一举突破了3月20日形成的低位箱体平台的高点压力。这是对前一交易日探底回升阳线的确认，股价继续反弹上

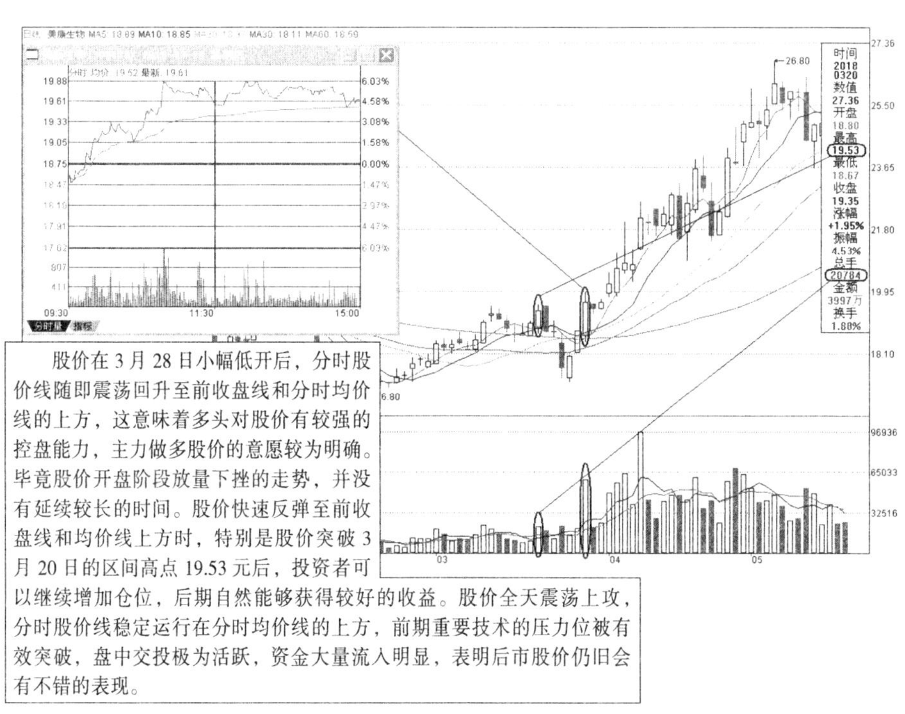
股价在3月28日小幅低开后，分时股价线随即震荡回升至前收盘线和分时均价线的上方，这意味着多头对股价有较强的控盘能力，主力做多股价的意愿较为明确。毕竟股价开盘阶段放量下挫的走势，并没有延续较长的时间。股价快速反弹至前收盘线和均价线上方时，特别是股价突破3月20日的区间高点19.53元后，投资者可以继续增加仓位，后期自然能够获得较好的收益。股价全天震荡上攻，分时股价线稳定运行在分时均价线的上方，前期重要技术的压力位被有效突破，盘中交投极为活跃，资金大量流入明显，表明后市股价仍旧会有不错的表现。

图2-16　美康生物2017年12月至2018年5月日K线走势和2018年3月28日分时走势

涨形态初步形成。这样，低位震荡区间的突破点就在这个时候出现了，后市股价显然会延续这一飙升的走势，而3月28日的这根阶段性巨量阳线的出现正是发挥了不可替代的作用。

（三）操作要略

（1）前低支撑的两个或多个低点应在同一水平位置上，这说明股价经历持续下跌已经进入一个底部平衡区间的构建之中，滞留在场内的持筹者因股价太低而惜售，而场外的各类型资金因股价连创新低，认为已具备投资价值，于是开始在低位区域进行尝试性买入建仓，股价因此在一个低位箱体内获得支撑而止跌反弹。但在股市形态分析中，只要求形似而非相同。实战中，两个或多个低点也很难精确地落到同一水平价位，总会存在一些差别。通常情况下，低点平衡区间的末端必然会有所抬高，直至变盘信号的出现。

（2）低位区域的反弹高点多是遭遇前期重要的技术压力位而形成，如果低位区域的低点有逐步抬高之势，那么后期反弹的能量就会增强。同样，低点平台呈向下倾斜之势，构筑底部的时间则会延长。

（3）前低支撑必须伴随着一些确认走势的出现，触底反弹走势必须有成交量的配合，这意味着多头力量在增强，市场人气逐步得到恢复，这是引起股价上升的主要因素。确认前低支撑有效必须有成交量放大的积极配合。即使是上涨回抽当天没有放量，后续几天也要进行补量。

（4）前低支撑形态不易持续太长的时间，如果股价整理的时间较长，极易演化成下降中继平台，破位下跌的概率就会大大增加。通常情况下，获得前低支撑的多个低点相隔时间在30个交易日以内，且低点也呈抬高之势。如果形成时间过长，其触底回升的难度就会加大，因为主力常用这种手法来诱骗投资者抄底，对此投资者要引起警惕。

（5）当股价第二次或多次回落到前期低点时，通常会受到短线抄底资金的介入而获得支撑，股价可能在此再次反弹回升。也就是说前低不破买点，可以考虑短线少量买入建仓。在股价触底反弹过程中，首次出现向上跳空缺口时，这是明确的主力介入信号，股价将加速脱离底部形态，此时应增加仓位买入。当股价突破低位区间重要的压力位时，且伴随着成交量的放大，前低支撑形态转化为有效突破形态，股价将开启新一轮升势。

第三章

强势量价特征

“量价关系”是投资者分析市场的核心要素之一，也就是说交易过程中股价的上涨离不开成交量的配合；反之，成交量的大小直接影响着股价的涨跌幅度。从通常意义上来说，投资者重视量能要远远胜过价格，这也印证了市场上一句投资口头禅“量为先、价为后”。不管怎么说，表达的都是一个意思，那就是投资者对成交量的重视程度。本章主要针对强势股票的一些典型的成交量形态做阐述分析，从不同的角度去进行深刻透析，从而让更多的人去思考，从中体会并逐渐了解主力资金的运作奥妙。

一、低位温和放量

（一）走势综述

低位温和放量是指股价经过较长时间或较大幅度下跌以后，以某一低点区间开始止稳，近阶段的成交量相对于前一段时间的成交量出现了相对的连续放大形态，股价也随着成交量的放大而稳步震荡向上。无论是主力资金还是投资者的资金，想要实现盈利就要做到低位买进高位卖出。因此，股价在低位区间出现温和放量，往往是有主力资金或先知先觉资金在建仓。

股价在低位区域出现了温和放量现象后，预示着有资金进行了积极的操作，但这不意味着股价就会很快转入上升通道。只有配合市场大环境的改善，市场人气恢复，才有可能走出一波上涨行情。因此，在底部附近投资者建仓介入温和放量的个股时，要密切关注同期的大盘走势，关注多空力量是否发生了根本转变，关注政策面、消息面的最新动态，一旦情况转暖，投资者要及时入场操作。温和放量的持续时间不会很长，否则会演化成较长的底部区间震荡行情（见图 3-1）。

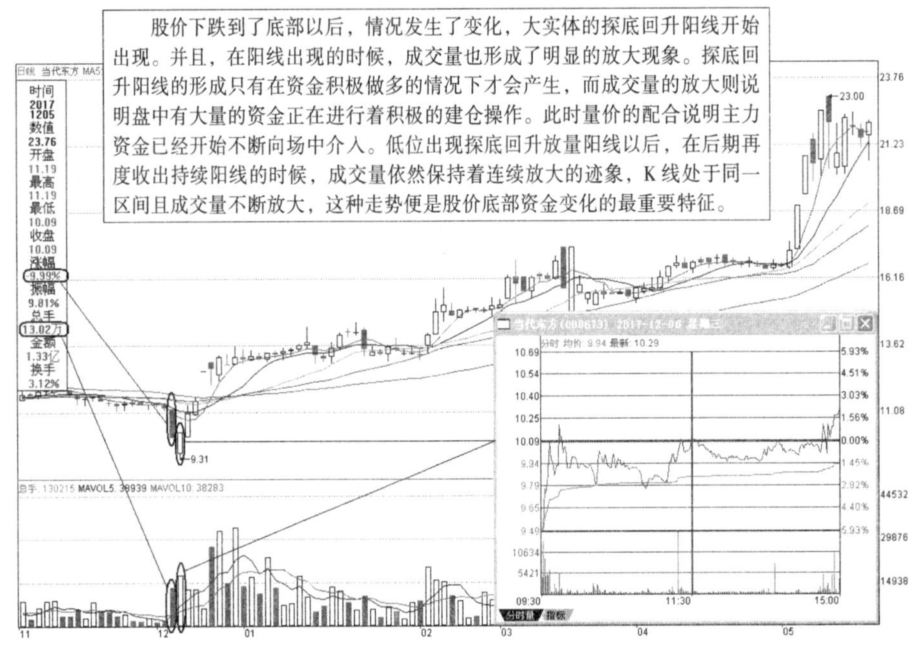
股价下跌到了底部以后，情况发生了变化，大实体的探底回升阳线开始出现。并且，在阳线出现的时候，成交量也形成了明显的放大现象。探底回升阳线的形成只有在资金积极做多的情况下才会产生，而成交量的放大则说明盘中有大量的资金正在进行着积极的建仓操作。此时量价的配合说明主力资金已经开始不断向场中介入。低位出现探底回升放量阳线以后，在后期再度收出持续阳线的时候，成交量依然保持着连续放大的迹象，K 线处于同一区间且成交量不断放大，这种走势便是股价底部资金变化的最重要特征。

图 3-1　当代东方 2017 年 11 月至 2018 年 5 月日 K 线走势和 2017 年 12 月 6 日分时走势

（二）经典案例

从图 3-2 中可以看到，当代东方的股价在 2017 年 12 月初之前呈现缓慢震荡下跌的不良态势，成交量也随之不断萎缩，投资者此时需保持对该股的关注，这种盘面特征必然会被打破。2017 年 12 月 5 日，股价突然出现跳空破位跌停的现象，成交量从前期的萎缩逆转快速放大，而此时股价也呈加速探底之势。12 月 6 日，股价继续大幅跳空低开，创出阶段性低点 9.31 元之后反身向上，尾盘以次高点报收，股价呈现出明确的探底回升的走势。紧接着，12 月 7 日和 8 日，股价持续走强，突破了前期下降中继平台的压力，成交量继续放大。低位价涨量增推动股价逐步走出低谷，这说明股价已经启动上涨行情，投资者可考虑适量跟进。其后，股价继续以温和放量的形式向上推升。2017 年 12 月 25 日，当代东方的股价突然以开盘涨停的方式突破所有中低期均线的压力，这说明股价将迎来中期上涨行情。

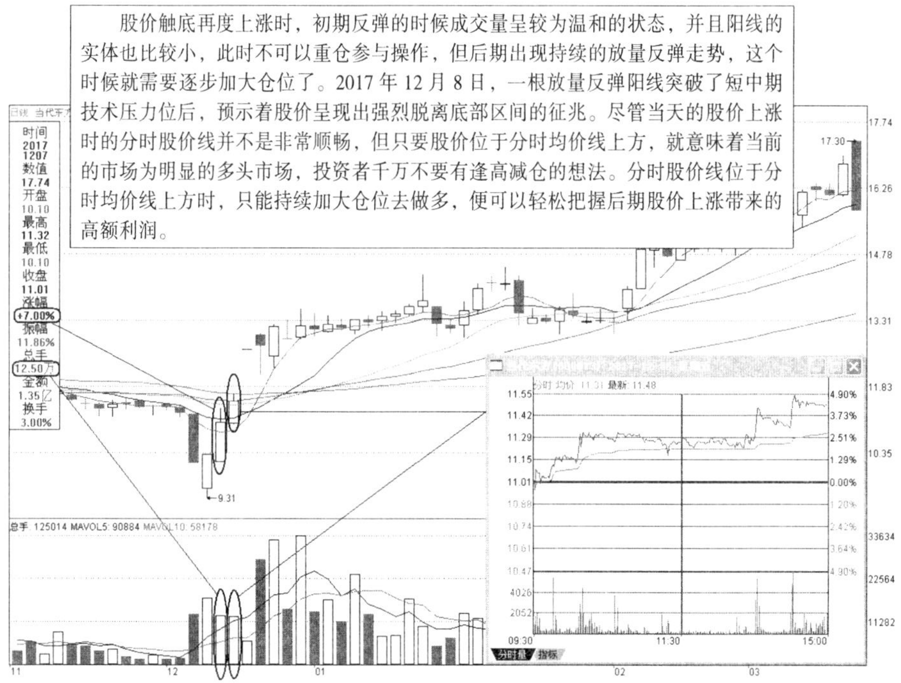
股价触底再度上涨时，初期反弹的时候成交量呈较为温和的状态，并且阳线的实体也比较小，此时不可以重仓参与操作，但后期出现持续的放量反弹走势，这个时候就需要逐步加大仓位了。2017 年 12 月 8 日，一根放量反弹阳线突破了短中期技术压力位后，预示着股价呈现出强烈脱离底部区间的征兆。尽管当天的股价上涨时的分时股价线并不是非常顺畅，但只要股价位于分时均价线上方，就意味着当前的市场为明显的多头市场，投资者千万不要有逢高减仓的想法。分时股价线位于分时均价线上方时，只能持续加大仓位去做多，便可以轻松把握后期股价上涨带来的高额利润。
时间
2017
1207
数值
17.74
开盘
10.10
最高
11.32
最低
10.10
收盘
11.01
涨幅
+7.00%
振幅
11.86%
总手
12.50万
金额
1.35亿
换手
3.00%
17.30
9.31
17.74
16.26
14.78
13.31
11.83
10.35
总手:125014 MAVOL5:90884 MAVOL10:58178
33634
22564
11282
11.55
11.42
11.29
11.15
11.01
10.88
10.74
10.61
10.47
4.90%
3.73%
2.51%
1.29%
0.00%
1.20%
2.42%
3.64%
4.90%
4026
2052
09:30
11:30
15:00
分时量
指标
11
12
01
02
03

图 3-2　当代东方 2017 年 12 月至 2018 年 5 月日 K 线走势和 2018 年 2 月 12 日分时走势

（三）操作要略

（1）股价经过较长时间或较大幅度下跌以后，以某一低点区间开始止稳，K 线形态稳步震荡向上，成交量则出现有规律的放大与萎缩，相比下跌时萎缩的成交量，该区间放量就是明确的低位温和放量。

（2）股价一旦探底成功，便意味着有场外的资金开始逐步入场进行建仓操作，随着买盘的增多必然会出现低位区间的温和放量现象。同时，股价也必然会出现相应的上涨行情。通常来说，初期上涨时涨幅较小，这是主力为了控制建仓成本而人为压抑股价，以避免低位区域量能大幅堆积现象的出现，从而加大自己的建仓成本。

（3）低位区间的温和放量有两个主要特征：一是成交量的放大程度是下跌时平均量能的两倍以上；二是成交量的放大性质属于持续放大，其间可能会受到短期调整的影响出现缩量现象，但并不会持续太久，其后便又会重新再度放量。

二、上升加速放量

（一）走势综述

上升加速放量的形态特征是在初期上涨的过程中，股价上涨的速度比较慢，成交量也较为温和。此阶段每当股价上涨一定幅度以后总是会有调整走势的出现，而当股价结束了第二次的下跌震荡走势以后，一根突破性质的大阳线随之出现，这一根突破大阳线是伴随着量能的快速放大出现的，其后股价出现连续的加速上涨之势。这使得股价的上涨力度和角度明显加大，由于连续的放量上涨阳线出现的位置是股价上涨的中途，因此这类持续的上涨阳线符合了上升加速放量的技术特征。

在股价上涨的中途出现连续的上升加速放量现象，往往意味着后期股价的上升空间已经被打开，其走势将会以更快的速度上涨，这对于投资者而言便是一次很好的追涨机会，而对这种上升通道中的持续放量走势，只要及时地进行了操作，便可以在后期再次获得短线快速盈利的机会（见图 3-3）。

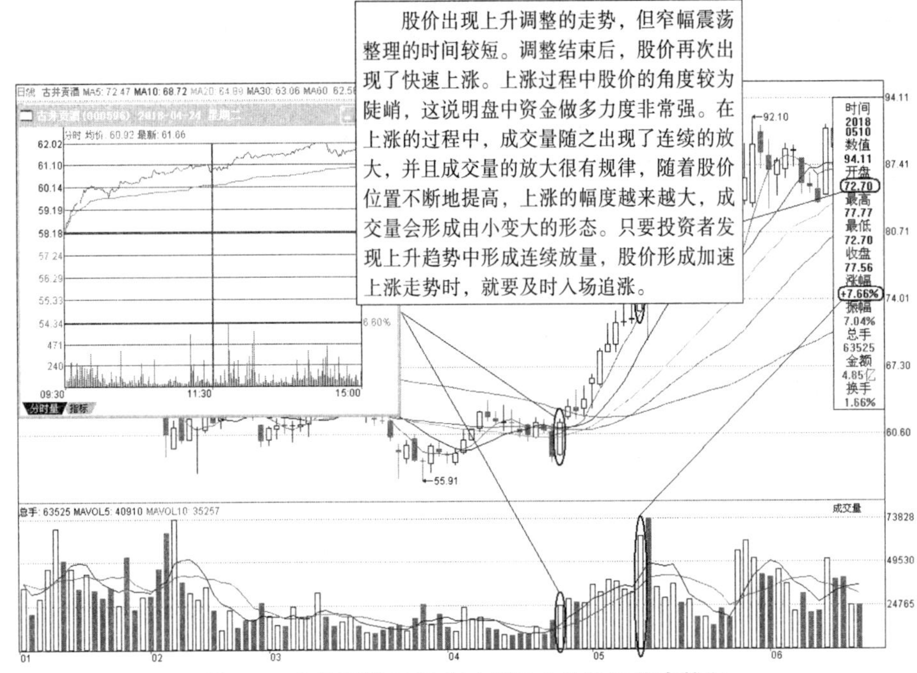
股价出现上升调整的走势，但窄幅震荡整理的时间较短。调整结束后，股价再次出现了快速上涨。上涨过程中股价的角度较为陡峭，这说明盘中资金做多力度非常强。在上涨的过程中，成交量随之出现了连续的放大，并且成交量的放大很有规律，随着股价位置不断地提高，上涨的幅度越来越大，成交量会形成由小变大的形态。只要投资者发现上升趋势中形成连续放量，股价形成加速上涨走势时，就要及时入场追涨。
时间
2018
0510
数值
94.11
开盘
72.70
最高
77.77
最低
72.70
收盘
77.56
涨幅
+7.66%
振幅
7.04%
总手
63525
金额
4.85亿
换手
1.66%
92.10
55.91
成交量

图 3-3　古井贡酒 2018 年 1 月至 6 月日 K 线走势和 2018 年 4 月 24 日分时走势

（二）经典案例

从图 3-4 中可以看到，古井贡酒的股价在 2018 年 4 月中旬左右形成了一段上升通道中的窄幅整理的区间，多空双方也在此区间进行能量的转化，空头的能量得到释放，多头的能量在逐步积累。此时的成交量是十分低迷的。而主力进行了持续的增仓操作，波动方向即将发生改变。4 月 24 日，股价并没有承接前一交易日的弱势而出现高开的现象，从开盘低点到尾盘高点，股价大涨了 5.98%，一举将前一交易日的阴线完全覆盖。此时的成交量也随着场外资金源源不断地流入，开始稳步地向上持续放大，呈现极其明确的上升势头，股价中线上升空间已经被打开。上升通道中的这种量能加速放出现象是一段逐步增长的过程，而不是毫无规律的时大时小。这种上升加速量能形态是比较稳健的，说明做多资金在源源不断地流入场中，向上的行情走势不会是昙花一现，投资者可以重仓操作这段行情。

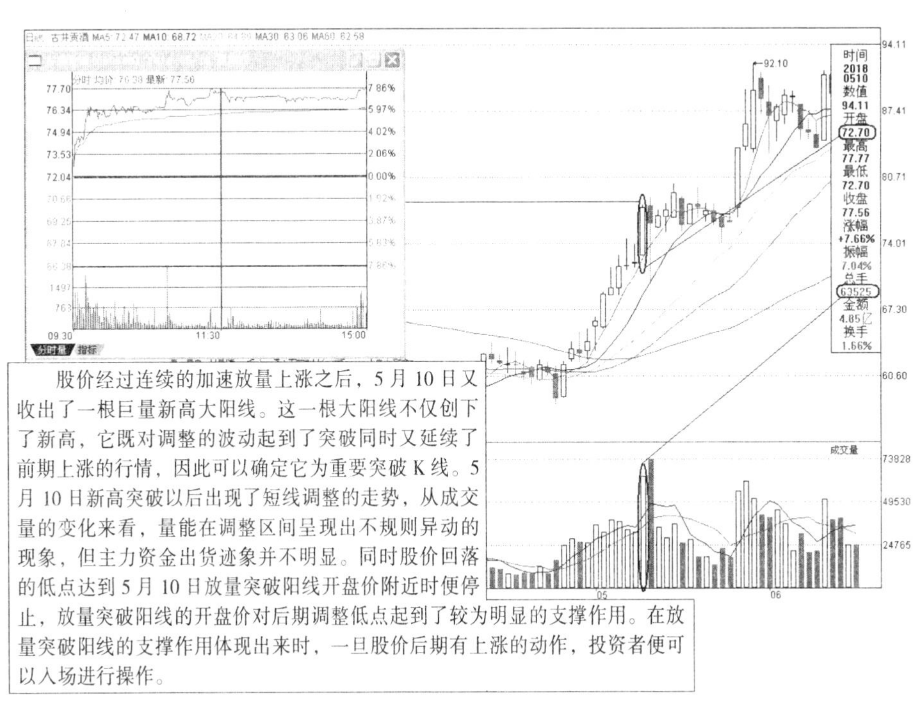
股价经过连续的加速放量上涨之后，5 月 10 日又收出了一根巨量新高大阳线。这一根大阳线不仅创下了新高，它既对调整的波动起到了突破同时又延续了前期上涨的行情，因此可以确定它为重要突破 K 线。5 月 10 日新高突破以后出现了短线调整的走势，从成交量的变化来看，量能在调整区间呈现出不规则异动的现象，但主力资金出货迹象并不明显。同时股价回落的低点达到 5 月 10 日放量突破阳线开盘价附近时便停止，放量突破阳线的开盘价对后期调整低点起到了较为明显的支撑作用。在放量突破阳线的支撑作用体现出来时，一旦股价后期有上涨的动作，投资者便可以入场进行操作。
成交量
分时量
指标

图 3-4　古井贡酒 2018 年 1 月至 6 月日 K 线走势和 2018 年 5 月 10 日分时走势

（三）操作要略

（1）上升加速放量出现之前，股价并不会始终保持单边角度上行，往往在经过温和或震荡上涨后会出现加速上涨，一旦进入加速上涨形态，股价上涨的速度极快，单日涨幅也将会较大。同样，成交量在变化过程中也存在量能逐级加速的现象，量能的加速往往会刺激股价持续地连续上涨，因此盘中操作资金的增多给股价上涨提供了足够的动力。

（2）成交量在某一天形成明显放量后（一般为前期量能两倍以上），在未来多个交易日继续呈现连续放量现象，该区间整体量能均为近期最大量，虽然成交量放大明显，但由于量能可以持续，因此这种放量现象并非量能异动。但如果仅是出现一天放量，其后量能出现萎缩，这种量能可视为单日的异常放量。可以持续的放量都是正常的，只不过量能加速现象持续时间并不会太长，正常情况下可延续的时间多为 6 个交易日左右，其间必然会有间接性缩量现象的出现。

（3）在实战操作时，要求成交量的变化一定是从小到大，并且量能放大具有持续性，而不能是突然性的放大，只有资金有序入场做多操作才可以促使股价的持续上涨，所以这种量能形态也称为完美量能。当投资者发现股价出现上升加速放量时，就可以及时跟进做多了。

三、连续突破平台

（一）走势综述

连续突破平台是指股价是以震荡的形式向上攀升，在反复拉升的过程中，股价经常围绕某一价位周围进行窄幅震荡，出现明显的盘整停顿现象。股价每次向上冲高，都会有较大的多头推动作用，因此成交量会迅速放大。在达到某一价位盘整后，股价就会停滞不前，成交量也会出现明显的萎缩状态。因此，综观整个走势行情，股价是以有规律的震荡上涨的形态向上突破的，股价的中心在不断地向上移动，而成交量也是阶梯式的放量或缩量来配合股价的突破与停顿。上升通道中出现这种成交量均匀分布的走势就是连续突破平台形态，也是股价将会继续上涨的信号，在实战操作时，如果整体市场强势特征明显，可以于调整区间的低点介入，而一旦股价向上突破横盘区间的高点，更可以积极地介入（见图 3-5）。

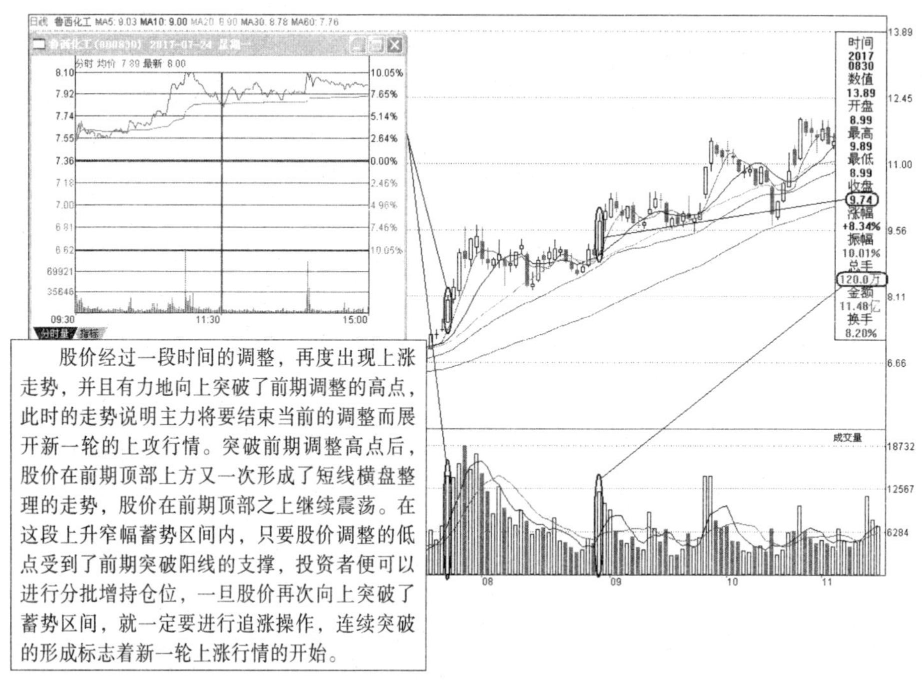
日线 鲁西化工 MA5: 9.03 MA10: 9.00 MA20: 8.90 MA30: 8.78 MA60: 7.76
时间
2017
0830
数值
13.89
开盘
8.99
最高
9.89
最低
8.99
收盘
9.74
涨幅
+8.34%
振幅
10.01%
总手
120.0万
金额
11.48亿
换手
8.20%
成交量
股价经过一段时间的调整，再度出现上涨走势，并且有力地向上突破了前期调整的高点，此时的走势说明主力将要结束当前的调整而展开新一轮的上攻行情。突破前期调整高点后，股价在前期顶部上方又一次形成了短线横盘整理的走势，股价在前期顶部之上继续震荡。在这段上升窄幅蓄势区间内，只要股价调整的低点受到了前期突破阳线的支撑，投资者便可以进行分批增持仓位，一旦股价再次向上突破了蓄势区间，就一定要进行追涨操作，连续突破的形成标志着新一轮上涨行情的开始。

图 3-5 鲁西化工 2017 年 4 月至 11 月日 K 线走势和 2017 年 7 月 24 日分时走势

（二）经典案例

从图 3-6 中可以看到，在 2017 年 7 月中旬前，鲁西化工的股价处于一段周期跨度较长的低点缓慢抬高的盘升格局，直到 7 月 24 日随着一根突破性放量阳线的出现，一轮连续性的上涨行情才随之出现。在股价上升趋势形成的时候，投资者要细心地观察股价的波动形态，如果有什么标准的突破性 K 线走势，便可以在上涨途中加仓操作。8 月 30 日，一根放量大阳线又一次形成了新的突破，股价突破后再一次出现横盘调整的走势，窄幅整理的过程中，成交量萎缩严重。横盘的低点始终受到 8 月 30 日突破大阳线收盘价的支撑。股价上涨以后始终跌不下来，背后必然有资金在暗中支撑。波动性质属于调整，但股价并未下跌，这体现了多方的强大。此后，股价又在 9 月 26 日和 10 月 26 日，又呈现出类似的震荡上升的走势，图中的 K 线形态呈现出典型的连续突破平台的走势，多方踏着多个震荡平台而稳步向上，投资者见到这种技术形态时一定要意识到，目前的走势仅是股价上涨的中继形态。

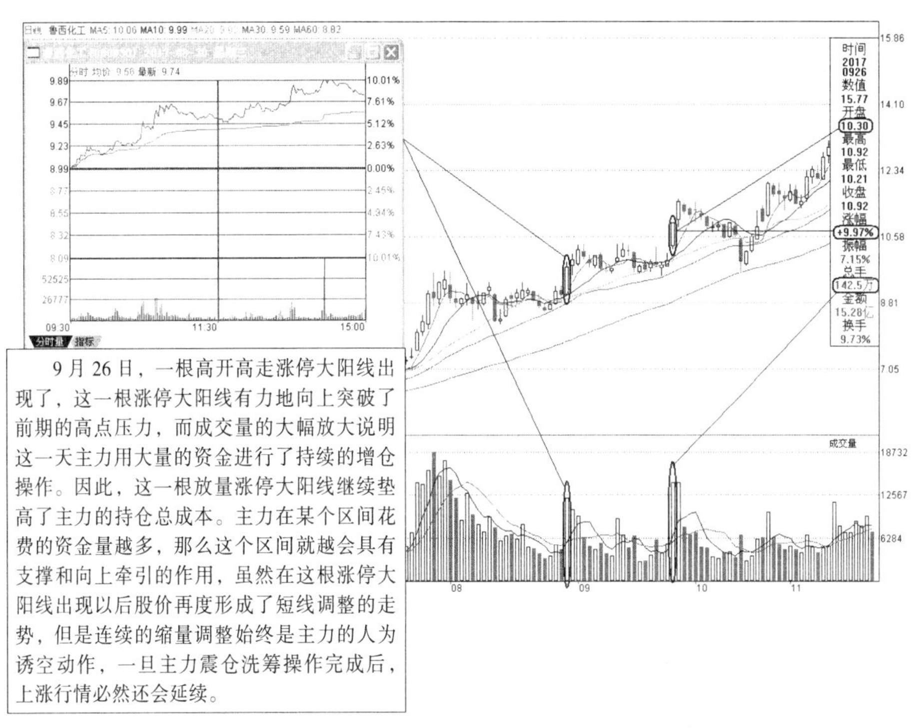
日线 鲁西化工 MA5: 10.06 MA10: 9.99 MA30: 9.59 MA60: 8.82
时间
2017
0926
数值
15.77
开盘
10.30
最高
10.92
最低
10.21
收盘
10.92
涨幅
+9.97%
振幅
7.15%
总手
142.5万
金额
15.28亿
换手
9.73%
成交量
9月26日，一根高开高走涨停大阳线出现了，这一根涨停大阳线有力地向上突破了前期的高点压力，而成交量的大幅放大说明这一天主力用大量的资金进行了持续的增仓操作。因此，这一根放量涨停大阳线继续垫高了主力的持仓总成本。主力在某个区间花费的资金量越多，那么这个区间就越会具有支撑和向上牵引的作用，虽然在这根涨停大阳线出现以后股价再度形成了短线调整的走势，但是连续的缩量调整始终是主力的人为诱空动作，一旦主力震仓洗筹操作完成后，上涨行情必然还会延续。

图 3-6　鲁西化工 2017 年 4 月至 11 月日 K 线走势和 2017 年 8 月 30 日分时走势

(三) 操作要略

(1) 股价结束调整是以突破整理平台的高点方式出现的，上涨突破的过程中成交量快速放大，这说明股价的上涨吸引了越来越多的资金入场，只要后续量能可以延续放大，股价便可以一路上行。

(2) 突破平台的过程中，成交量放大多呈现出集中放量的状况，成交量在连续放大的多个交易日里，每一日的成交量都比前一日温和放大，并且这多个上涨交易日的量能放大的比例大致相当，这是放量突破平台的最明显的特征。

(3) 连续突破平台的走势往往出现在股价上涨的初期阶段，由于此阶段盘整时间过长，入场资金数量并不是非常多，因此，该区间股价的涨幅也并不会很大。

(4) 如果股价连续突破多个整理平台后，成交量形成加速放量状态，此时，投资者应当继续持股，资金加大介入力度，股价此时往往会有加速上涨的走势。

(5) 由于连续突破平台的走势并不会长周期地持续下去，因此，如果后期成交量出现萎缩，股价呈现明确的滞涨现象时，投资者便需要及时离场回避调整风险。特别是股价进入高位区域时，再出现这种突破高位整理平台的上涨形态，就有一定的风险了。主力可能会用这种形态来吸引投资者入场，借机高位分批出货。

四、缩量突破前高

（一）走势综述

股价在上升通道中运行，经常会触及前期各类型的压力位，必然进行波动方向的选择。其走势演绎的结局要么是直接突破，要么是遇阻回落继续震荡，而选择突破向上也是千差万别的，在那些形成突破的个股中，有的个股突破后多有一个回抽确认的过程，有的个股则呈现连续快速上攻走势。那些突破后便遇阻回落的个股无法给投资者带来真实的盈利，突破的性质多是主力试盘或震仓的需要，延长了盘整的周期。在前期高点压力位面前操作突破个股首先要回避无效的突破，否则不仅无法盈利甚至还会出现亏损。

只有真实有效的突破才具备持续上涨的能力。那么，真实有效的突破有什么特征呢？上升通道中的突破前高必然会引发前期压力区域的筹码松动，如果突破是缩量形式出现的，则表明突破的目的不是出货，所以K线形态上会出现冲破压力位，但成交量却会在突破时呈萎缩的态势，这是由于主力资金并没有进行出货操作。主力资金没有出货，突破时的量能就会处于温和的状态。因此，在实际操作时，一定要对那些突破时量能萎缩或温和的个股进行重点关注操作（见图 3–7）。

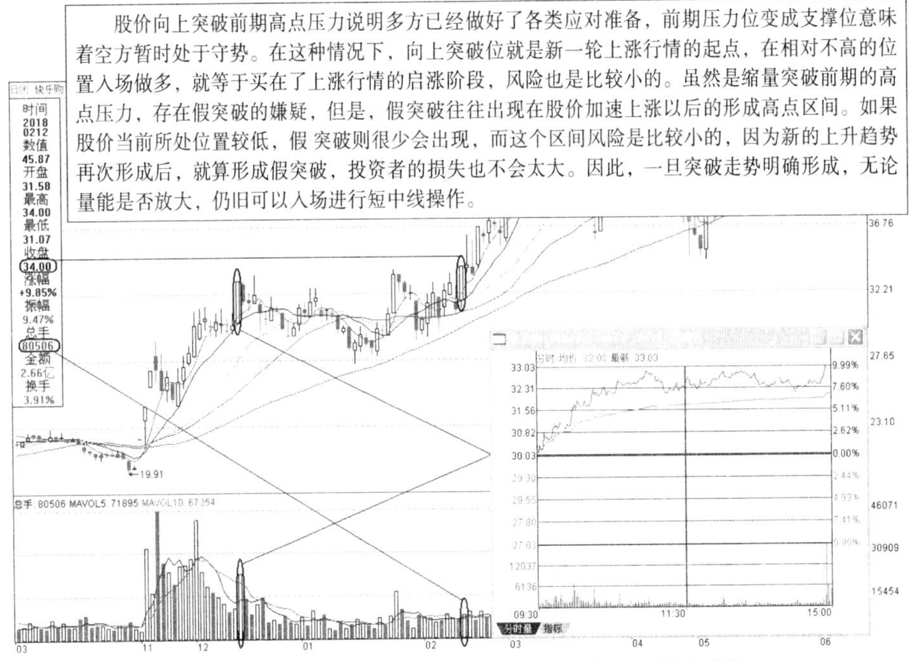
股价向上突破前期高点压力说明多方已经做好了各类应对准备，前期压力位变成支撑位意味着空方暂时处于守势。在这种情况下，向上突破位就是新一轮上涨行情的起点，在相对不高的位置入场做多，就等于买在了上涨行情的启涨阶段，风险也是比较小的。虽然是缩量突破前期的高点压力，存在假突破的嫌疑，但是，假突破往往出现在股价加速上涨以后的形成高点区间。如果股价当前所处位置较低，假突破则很少会出现，而这个区间风险是比较小的，因为新的上升趋势再次形成后，就算形成假突破，投资者的损失也不会太大。因此，一旦突破走势明确形成，无论量能是否放大，仍旧可以入场进行短中线操作。
时间
2018
0212
数值
45.87
开盘
31.58
最高
34.00
最低
31.07
收盘
34.00
涨幅
+9.85%
振幅
9.47%
总手
80506
金额
2.66亿
换手
3.91%
19.91
总手 80506 MAVOL5 71895 MAVOL10 67354
36.76
32.21
27.65
23.10
46071
30909
15454
33.03
32.31
31.56
30.82
30.03
29.30
28.55
27.80
27.03
9.99%
7.60%
5.11%
2.62%
0.00%
09:30
11:30
15:00
分时量
指标
03
11
12
01
02
03
04
05
06

图 3–7 快乐购 2017 年 3 月至 2018 年 6 月日 K 线走势和 2018 年 2 月 15 日分时走势

（二）经典案例

从图 3–8 中可以看到，快乐购的股价从 2017 年 11 月中旬开始，经过一轮放量上涨后，于 2017 年 12 月 15 日形成了一个重要的阶段性头部而后调整，此时的宽幅震荡区间就是最常见的压力区域，后期股价只有突破这段压力区间才有可能展开新一轮上涨行情。在股价盘整的过程中，成交量多次出现不规则放量冲高未果的现象，这说明主力资金并没有出局。如果股价后期上涨，就必须要进一步震仓洗盘，以减轻上档的抛压。2018 年 2 月初，股价逐步向上移动，此阶段在面临前高点压力时，成交量虽未明显放大，但却保持着缩量上行的状态。2 月 12 日，股价出现一根高开高走涨停阳线，此时突破前期高点举动并没有引发抛盘的出现，缩量突破说明没有资金在该区间进行出货，突破前高而未见资金大量流出，则意味着盘中筹码锁定较好，

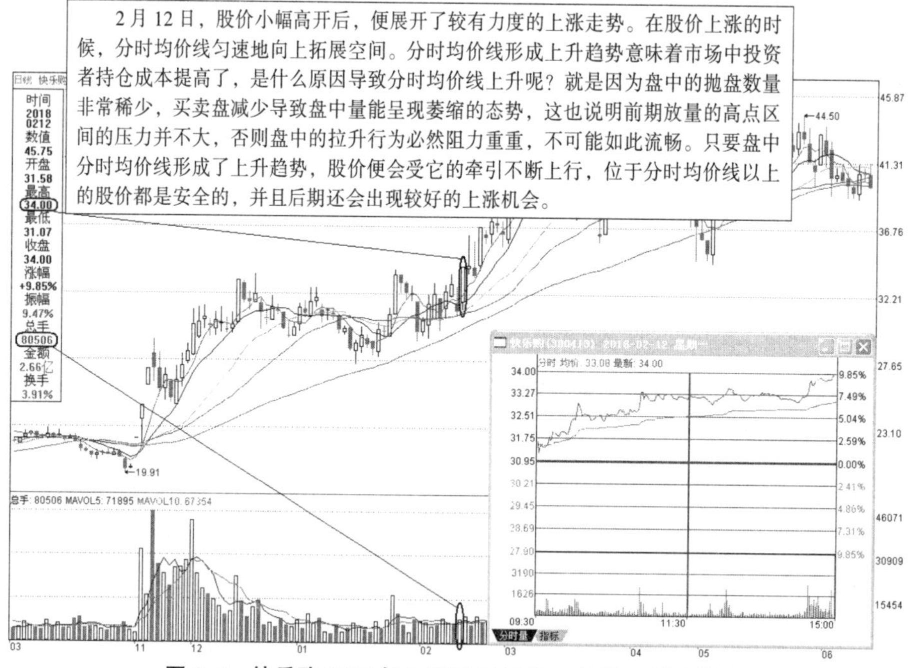
2 月 12 日，股价小幅高开后，便展开了较有力度的上涨走势。在股价上涨的时候，分时均价线匀速地向上拓展空间。分时均价线形成上升趋势意味着市场中投资者持仓成本提高了，是什么原因导致分时均价线上升呢？就是因为盘中的抛盘数量非常稀少，买卖盘减少导致盘中量能呈现萎缩的态势，这也说明前期放量的高点区间的压力并不大，否则盘中的拉升行为必然阻力重重，不可能如此流畅。只要盘中分时均价线形成了上升趋势，股价便会受它的牵引不断上行，位于分时均价线以上的股价都是安全的，并且后期还会出现较好的上涨机会。
时间
2018
0212
数值
45.75
开盘
31.58
最高
34.00
最低
31.07
收盘
34.00
涨幅
+9.85%
振幅
9.47%
总手
80506
金额
2.66亿
换手
3.91%
44.50
19.91
总手: 80506 MAVOL5: 71895 MAVOL10: 67354
分时 均价 33.08 最新: 34.00
09:30
11:30
15:00

图 3-8 快乐购 2017 年 3 月至 2018 年 6 月日 K 线走势和 2018 年 2 月 12 日分时走势

而当前的缩量突破应是新一轮拉升走势的开始。

（三）操作要略

（1）股价出现缩量突破前高之前，必须有一段宽幅调整的过程。股价在调整区间的成交量总体上呈低迷状态，而震荡区间内的高点量能也没有异常放大迹象，这种量价形态说明主力资金并没有有效出货，只要主力身在其中，后期行情仍可持续下去。

（2）股价以缩量方式突破前高，说明前期高点压力已经克服，此时的压力已经转变成为支撑。在股价波动的趋势单一时要及时介入，很多情况下突破时的介入位是股价的上涨中期阶段，而这个位置的风险是比较小的，因为新的上升趋势刚刚形成，就算形成假突破，投资者的损失也不会太大。

（3）通常情况下，股价突破前期放量高点区域时，会有一些投资者因为解套而选择卖出股票，主力是无法控制投资者的卖出行为的，如果大量投资者均选择突破的位置出货，则成交量也会相应放大。但如果突破时成交量未见放大，则说明场内空翻多的局面已经出现，场内参与资金均看好后市，因此，在主力的带领下，股价继续上涨的概率是极大的。

五、缩量对立涨跌

（一）走势综述

股价在底位区域盘整，僵局始终不能被打破，此阶段的量价关系也呈现较为冷清的状态，波动方向必须做出选择。主力资金无法顺利地完成吸筹和拉升的操作，该区间多空平衡状况只有被打破，才能发动新的行情。那么，这个低位区间就必须出现一次打破平衡的快速对立行情，才能确立新的波动方向。在股价波动的低位区域，突然出现快速破位长阴之后又被迅速拉起，形成一种急速反转的大阳包大阴的 K 线形态，此时投资者必须高度重视。

低位区域的急速反转形态出现时，成交量仍旧保持温和放大或没有明显放量的现象。快速破位砸盘是主力在震仓，迅速回拉收复失地则是典型的护盘行为。如果主力出货，成交量就必然会形成明显的放大迹象；而如果主力没有出货，成交量就必然不会超规模放大，所以量能的大小是判断主力出货与否的重要标志。低位急速反转 K 线是指在股价的阶段性低点区域，收出两根对立涨跌的大实体的阴线和阳线组合（阴线和阳线实体涨跌幅至少超过 6%，跌停和涨停最佳，不能留有留影线），而成交量则保持温和放大或没有明显放量现象。投资者就可以在股价缩量急速反转过程中的任何位置积极地进行建仓操作（见图 3-9）。

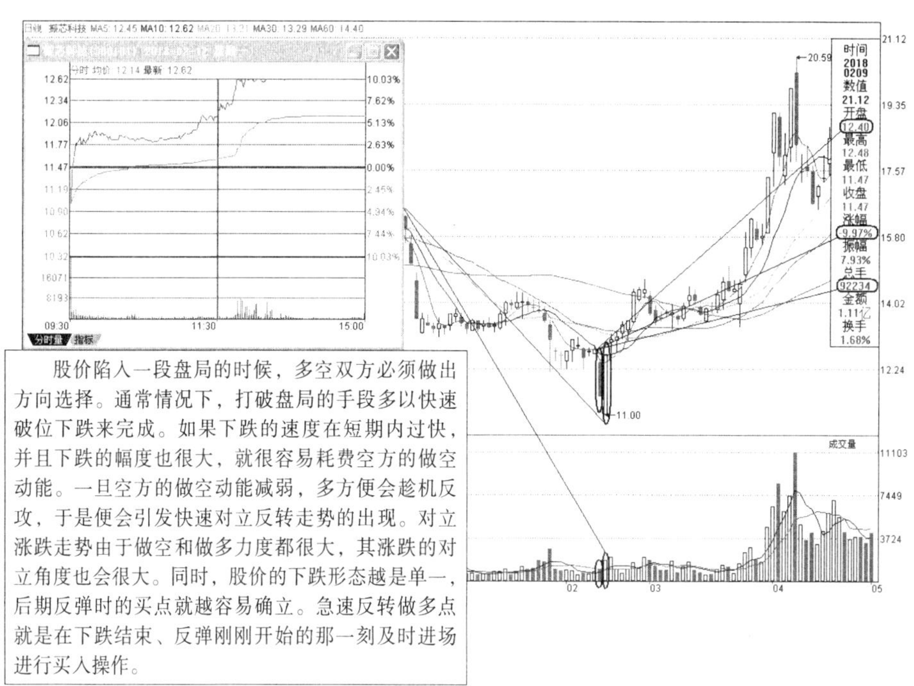
股价陷入一段盘局的时候，多空双方必须做出方向选择。通常情况下，打破盘局的手段多以快速破位下跌来完成。如果下跌的速度在短期内过快，并且下跌的幅度也很大，就很容易耗费空方的做空动能。一旦空方的做空动能减弱，多方便会趁机反攻，于是便会引发快速对立反转走势的出现。对立涨跌走势由于做空和做多力度都很大，其涨跌的对立角度也会很大。同时，股价的下跌形态越是单一，后期反弹时的买点就越容易确立。急速反转做多点就是在下跌结束、反弹刚刚开始的那一刻及时进场进行买入操作。
20.59
11.00
时间
2018
0209
数值
21.12
开盘
12.40
最高
12.48
最低
11.47
收盘
11.47
涨幅
-9.97%
振幅
7.93%
总手
92234
金额
1.11亿
换手
1.68%
成交量

图 3-9 振芯科技 2017 年 9 月至 2018 年 5 月日 K 线走势和 2018 年 2 月 12 日分时走势

（二）经典案例

从图 3-10 中可以看到，振芯科技的股价在上涨之前，主力进行了一次大力度的震仓操作。2018 年 2 月 9 日，股价再次破位形成一个向下跌停阴线，成交量进一步出现了萎缩，这说明盘中的抛盘数量进一步衰竭，抛盘数量的减少将降低后期股价上涨的阻力。2 月 12 日，股价探出阶段性低点 11.00 元之后，收出了一根探底回升涨停大阳线，股价形成涨停走势的时候，成交量并没有出现放大的迹象，量能的萎缩说明当前股价上涨的压力非常小，主力只需要动用很少的资金便可以推动股价的大幅上涨，并且萎缩的成交量也限制了主力的出货操作，因此，

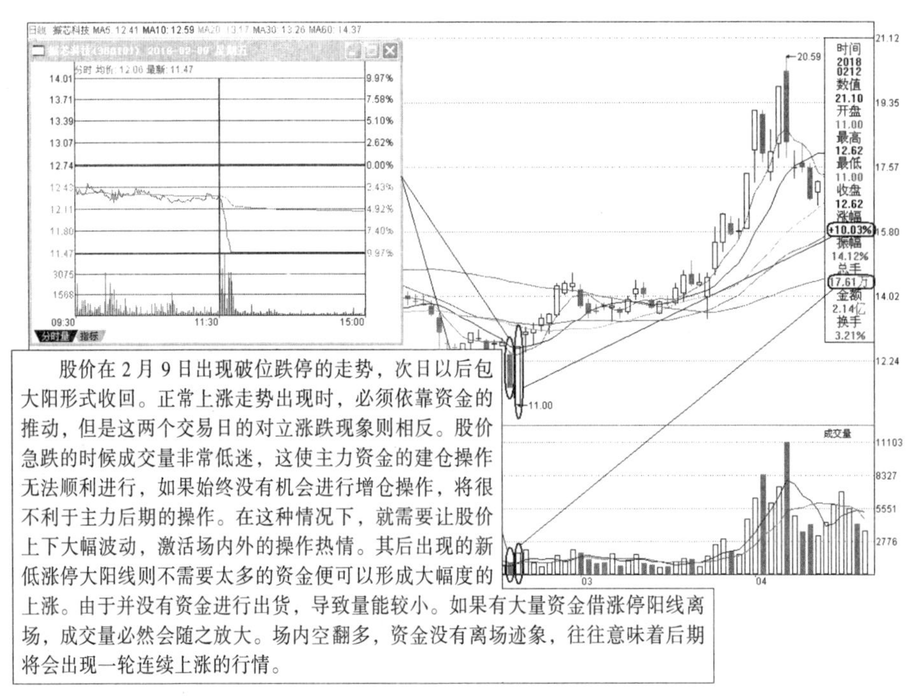
股价在 2 月 9 日出现破位跌停的走势，次日以后包大阳形式收回。正常上涨走势出现时，必须依靠资金的推动，但是这两个交易日的对立涨跌现象则相反。股价急跌的时候成交量非常低迷，这使主力资金的建仓操作无法顺利进行，如果始终没有机会进行增仓操作，将很不利于主力后期的操作。在这种情况下，就需要让股价上下大幅波动，激活场内外的操作热情。其后出现的新低涨停大阳线则不需要太多的资金便可以形成大幅度的上涨。由于并没有资金进行出货，导致量能较小。如果有大量资金借涨停阳线离场，成交量必然会随之放大。场内空翻多，资金没有离场迹象，往往意味着后期将会出现一轮连续上涨的行情。
20.59
11.00
成交量

图 3-10　振芯科技 2017 年 11 月至 2018 年 4 月日 K 线走势和 2018 年 2 月 9 日分时走势

这一根急速反包涨停大阳线的出现意味着股价波动的安全性非常高，投资者应当在低位区域出现急速对立涨跌的过程进行积极的操作。

（三）操作要略

（1）股价在低位区域继续出现破位下跌，下跌的过程中，成交量始终保持着极度低迷的状态，当天换手率也维持在较低水平。这说明场内参与各方持有大量的股票而不愿意进行卖出操作，没有抛盘涌出，则意味着当前股价的波动区间就是底部，场外投资者就可以在股价极度缩量区域适当进行建仓操作。

（2）股价在底部区域出现阴阳对立涨跌的现象时，往往会有两种选择：一是利用快跌快涨来激活人气，借此短期快速拉高股价进行出货；二是继续强势上攻，拓展向上空间。股价无论在什么位置收出阴阳对立涨跌的K线形态，都将会吸引众多资金的关注，但是主力不选择借反包大阳线进行出货，成交量呈缩量状态，未来再出现高点的可能性就非常大。

（3）缩量对立涨跌走势出现后，股价继续上涨，成交量仍旧保持温和状态，这说明主力持仓较重，巨大的持仓需要一定的时间才可以顺利出局。因此，未见到放量现象，股价的上涨便很难停止。

六、缩量强势横盘

（一）走势综述

缩量强势横盘是股价在收出突破性大阳线之后，股价拒绝回调，并且始终保持着强势缩量横盘的状态。通常情况下，由于突破性阳线出现以后，各类短线获利盘迅速增加，难免会有一些短线投机盘在第二天冲高过程中进行出货，就算是前期突破性大阳线出现时成交量未放大，但第二天或后几天难免会有放量现象。突破性阳线出现后成交量放大说明盘中游资持股心态不稳定，一旦实现盈利便会兑现出局，这类个股虽然也会上涨，但是震荡幅度会加大。

股价突破后仍旧维持了缩量整理的走势，这预示着主力机构持有大量的股票，突破过程中并没有进行减操作，所以后期的窄幅在整理的过程中，成交量仍旧呈现缩量的态势。突破后出现的缩量强势横盘体现了盘中参与各方坚决做多的态度。就算是前期突破过程中出现一定程度的放量，也不意味主流资金会借此离场。这是由于主力资金的出货是一个连续的过程，不可能仅依靠一天的突破性放量走势来完成出货，因此，突破后的缩量横盘限制了主力的出货行为，想要出货只能继续向上拓展空间（见图 3-11）。

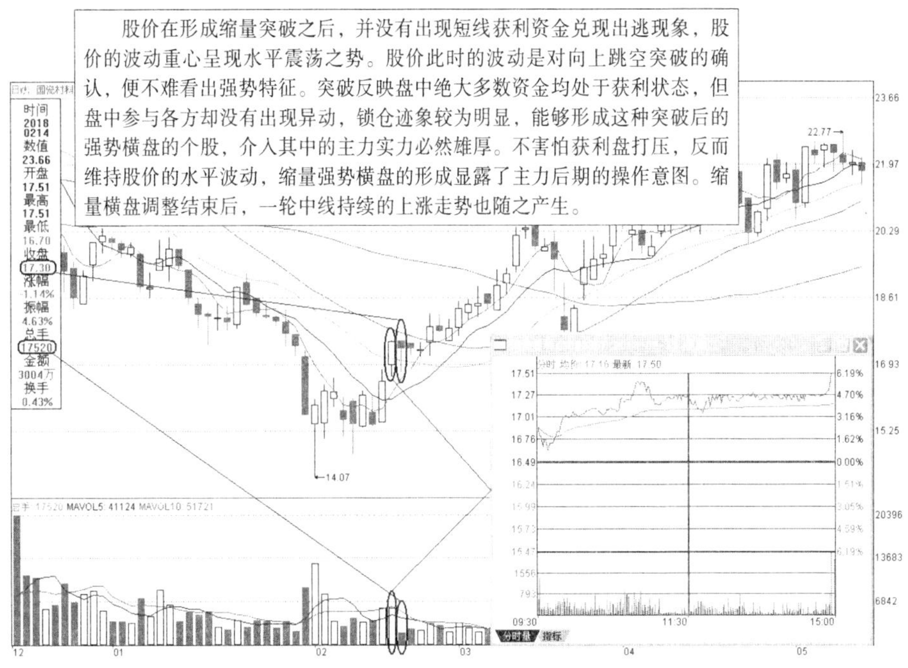
股价在形成缩量突破之后，并没有出现短线获利资金兑现出逃现象，股价的波动重心呈现水平震荡之势。股价此时的波动是对向上跳空突破的确认，便不难看出强势特征。突破反映盘中绝大多数资金均处于获利状态，但盘中参与各方却没有出现异动，锁仓迹象较为明显，能够形成这种突破后的强势横盘的个股，介入其中的主力实力必然雄厚。不害怕获利盘打压，反而维持股价的水平波动，缩量强势横盘的形成显露了主力后期的操作意图。缩量横盘调整结束后，一轮中线持续的上涨走势也随之产生。
时间
2018
0214
数值
23.66
开盘
17.51
最高
17.51
最低
16.70
收盘
17.30
涨幅
-1.14%
振幅
4.63%
总手
17520
金额
3004万
换手
0.43%
22.77
14.07
23.66
21.97
20.29
18.61
16.93
15.25
20396
13683
6842
17.51
17.27
17.01
16.76
16.49
6.19%
4.70%
3.16%
1.62%
0.00%
09:30
11:30
15:00
分时量
指标
12
01
02
03
04
05

图 3-11　国瓷材料 2017 年 12 月至 2018 年 5 月日 K 线走势和 2018 年 2 月 13 日分时走势

（二）经典案例

从图 3-12 中可以看到，国瓷材料的股价在 2018 年 2 月 13 日，对低位横盘区间的高点进行突破的时候，成交量虽有所放大，但量能属于较为温和状态，并非异常巨量，加之股价以最高价收盘，全天涨幅达 6.12%，因此，量价配合非常完美。低位突破性缩量大阳出现以后，股价第二天小幅冲高回落，但成交量却较前两天出现极为明显的萎缩，这说明虽然股价短线大幅上涨，但抛盘数量并不是很多，未见大量抛盘。而后两个交易日股价继续调整，成交量同步继续萎缩，缩量水平震荡的形态进一步说明场内持筹心态较强，同时，由于股价在该区间整体涨幅并不是很大，因此，在量能完美配合的情况下，股价继续上涨的概率很大，应当继续持股待涨。

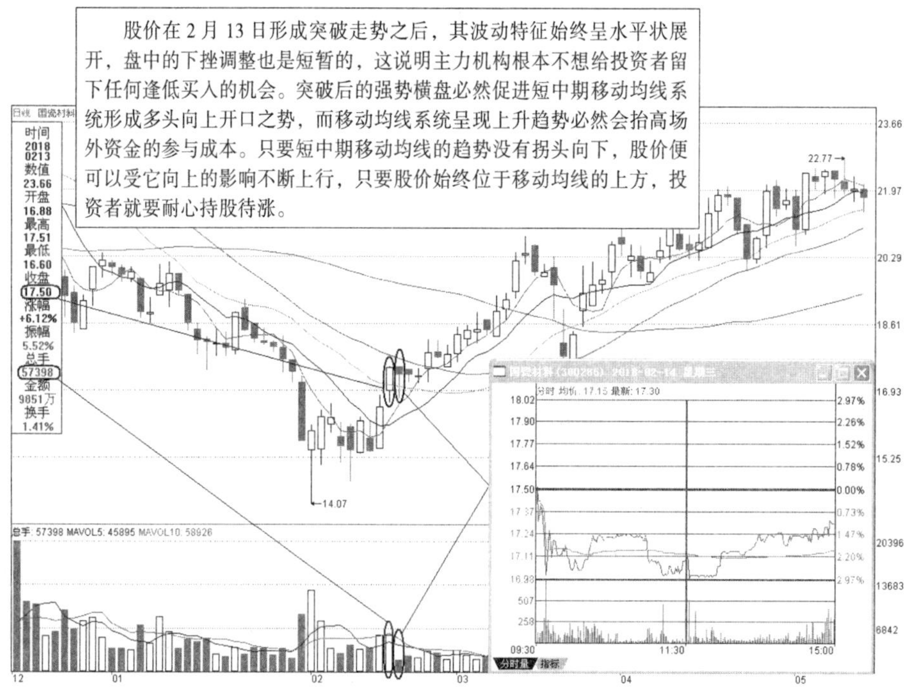
股价在 2 月 13 日形成突破走势之后，其波动特征始终呈水平状展开，盘中的下挫调整也是短暂的，这说明主力机构根本不想给投资者留下任何逢低买入的机会。突破后的强势横盘必然促进短中期移动均线系统形成多头向上开口之势，而移动均线系统呈现上升趋势必然会抬高场外资金的参与成本。只要短中期移动均线的趋势没有拐头向下，股价便可以受它向上的影响不断上行，只要股价始终位于移动均线的上方，投资者就要耐心持股待涨。
时间
2018
0213
数值
23.66
开盘
16.88
最高
17.51
最低
16.60
收盘
17.50
涨幅
+6.12%
振幅
5.52%
总手
57398
金额
9851万
换手
1.41%
22.77
14.07
23.66
21.97
20.29
18.61
16.93
15.25
总手: 57398 MAVOL5: 45895 MAVOL10: 58926
20396
13683
6842
12
01
02
03
04
05
18.02
17.90
17.77
17.64
17.50
17.37
17.24
17.11
16.98
2.97%
2.26%
1.52%
0.78%
0.00%
0.73%
1.47%
2.20%
2.97%
507
258
09:30
11:30
15:00
分时量
指标

图 3-12　国瓷材料 2017 年 12 月至 2018 年 5 月日 K 线走势和 2018 年 2 月 14 日分时走势

（三）操作要略

（1）缩量强势横盘走势形成之前，股价底部区间必然有一个持续宽幅震荡的过程，其间的成交量堆积现象肯定非常严重。通过后期出现缩量突破上涨可以看出，主力资金在底部震荡区间的建仓量较大，主力持股数量越多，未来股价持续缩量上涨的可能性就会加大。

（2）缩量突破性阳线出现后，股价出现强势水平横盘之势。这根突破性大阳线的收盘价对后期调整低点起到了强大的支撑作用。在窄幅调整的过程中，成交量明显萎缩，无论是上涨还是调整，都没有任何异常放量现象，这种量价关系较为理想，后期必然会促进股价继续上攻。

（3）通常情况下，股价突破前期高点成交量必然会放大，此时对量能的性质进行分析略有难度，因为无法确定放量是主力资金的建仓还是短线资金的兑现出货，这时应当设立一个止盈位，股价后市未破位就继续持股，如果跌破止赢位应当先退后，而后再做操作打算。如果股价后市呈水平波动状态，且在小幅回落时成交量急剧萎缩，则说明该水平震荡平台区间并无出货迹象，此时水平震荡区间的缩量也说明前期突破时的放量上涨是资金的建仓行为。如果资金是在借高点出货，成交量又怎么会急剧萎缩？

七、冲高缩量回落

（一）走势综述

股价在波动过程中，总会出现放量上涨走势，但放量上涨走势形成后只要追涨操作，通常就会出现亏损。这是什么原因？这是因为在放量快速冲高后的缩量整理区间进行了错误的操作。股价短线冲高时的巨量并不是主力资金在持续增仓，而是利用上涨吸引来的人气进行阶段性兑现利润。而冲高后的缩量整理则表示当前盘中主力资金出货并不顺利。如果在上涨途中成交量并未放大，或仅是一两根冲高 K 线出现放量，而并不连续，那就不能确认这是主力机构在出货。通常情况下，一旦主力机构开始出货，股价的上涨将会停止，主力出货完毕股价便会下跌，所以，主力出货与否等于风险是否到来。如果主力难以有效出货，在整体行情稳定的情况下，股价无论是上涨还是短线调整都是安全的。这是由于主力机构持股数量较多，它的进出必然会引发量能明显放大，整理区间的缩量限制了主力的出货，所以，缩量整理区间便可以视为安全区间，在这个区间寻找合适的点位介入也就很容易实现盈利了（见图 3-13）。

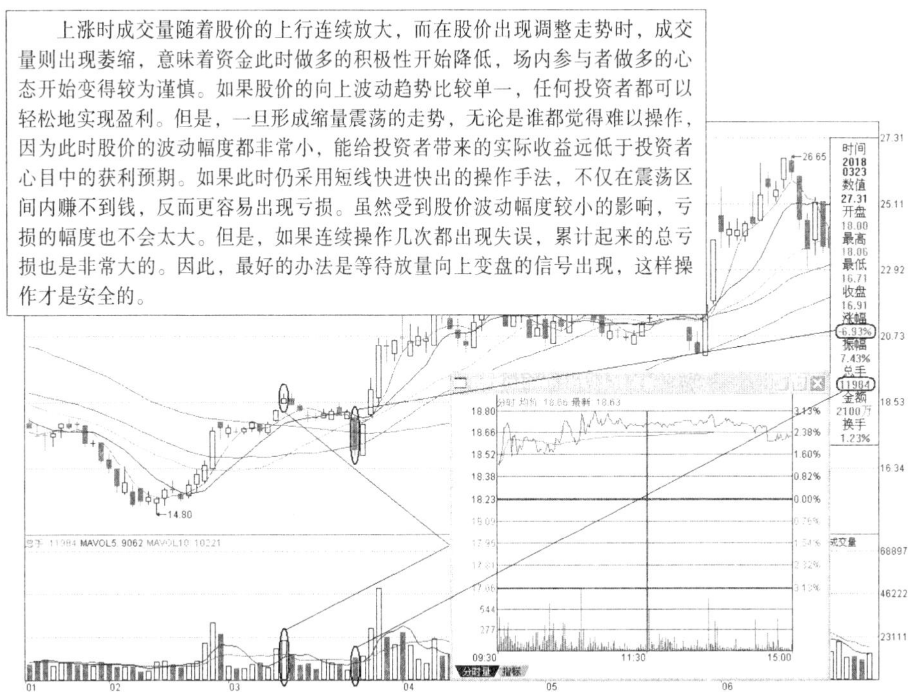
上涨时成交量随着股价的上行连续放大，而在股价出现调整走势时，成交量则出现萎缩，意味着资金此时做多的积极性开始降低，场内参与者做多的心态开始变得较为谨慎。如果股价的向上波动趋势比较单一，任何投资者都可以轻松地实现盈利。但是，一旦形成缩量震荡的走势，无论是谁都觉得难以操作，因为此时股价的波动幅度都非常小，能给投资者带来的实际收益远低于投资者心目中的获利预期。如果此时仍采用短线快进快出的操作手法，不仅在震荡区间内赚不到钱，反而更容易出现亏损。虽然受到股价波动幅度较小的影响，亏损的幅度也不会太大。但是，如果连续操作几次都出现失误，累计起来的总亏损也是非常大的。因此，最好的办法是等待放量向上变盘的信号出现，这样操作才是安全的。
时间
2018
0323
数值
27.31
开盘
18.00
最高
18.06
最低
16.71
收盘
16.91
涨幅
-6.93%
振幅
7.43%
总手
11984
金额
2100万
换手
1.23%
26.65
14.80

图 3-13　利家隆 2018 年 1 月至 6 月日 K 线走势和 2018 年 3 月 12 日分时走势

（二）经典案例

从图 3-14 中可以看到，利家隆的股价在 2018 年 2 月 9 日探出阶段性低点 14.80 元之后，便形成了较为明确的上升趋势，这是参与操作的首要条件，在上升趋势不明确的情况下，不能将缩量低点区域设为止跌区间。股价逐波温和放量上行，并于 3

月 12 日，形成一处小的向上跳空小高点后，股价出现连续调整的走势，特别是 3 月 23 日，一根实体达 6.93%的中阴线出现时，成交量明显萎缩，这说明当天的抛盘数量非常少，量能较小限制了巨资的离场。3 月 26 日，股价反向收出一根对立中阳线又反映了多方力量的强大，因此，这是一个比较合适的介入位。从 3 月 12 日到 3 月 26 日整理波段的成交量是萎缩的，窄幅整理时量能的萎缩说明前期的温和上涨为资金的建仓行为，主力资金建仓完毕开始洗盘，股价虽然下跌，但是回落幅度极小。3 月 27 日，股价再次以跳空向上的形式形成突破，量能同步放

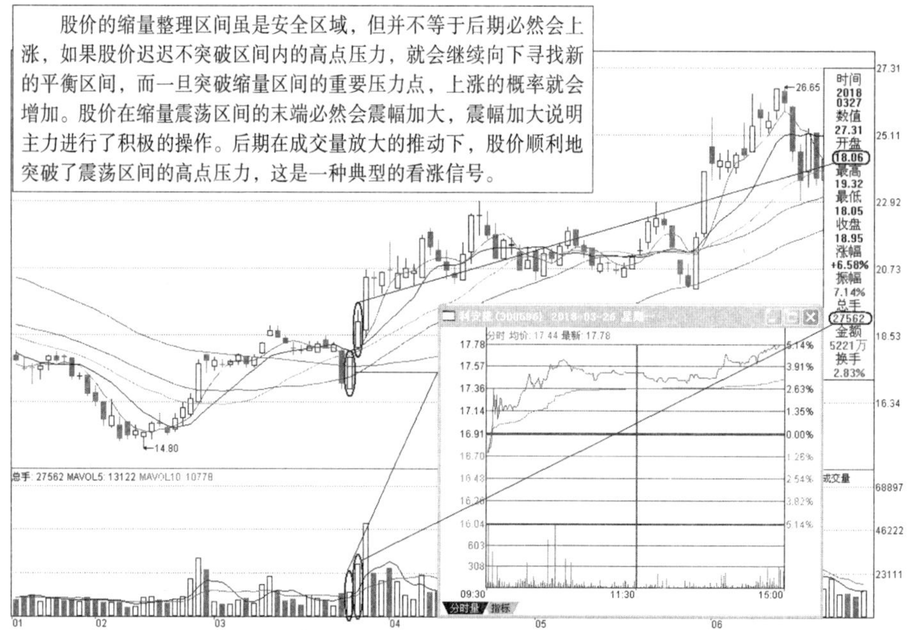
股价的缩量整理区间虽是安全区域，但并不等于后期必然会上涨，如果股价迟迟不突破区间内的高点压力，就会继续向下寻找新的平衡区间，而一旦突破缩量区间的重要压力点，上涨的概率就会增加。股价在缩量震荡区间的末端必然会震幅加大，震幅加大说明主力进行了积极的操作。后期在成交量放大的推动下，股价顺利地突破了震荡区间的高点压力，这是一种典型的看涨信号。
时间
2018
0327
数值
27.31
开盘
18.06
最高
19.32
最低
18.05
收盘
18.95
涨幅
+6.58%
振幅
7.14%
总手
27562
金额
5221万
换手
2.83%
26.65
14.80
总手: 27562 MAVOL5: 13122 MAVOL10: 10778
分时 均价: 17.44 最新: 17.78
09:30
11:30
15:00
分时量
指标

图 3-14　利家隆 2018 年 1 月至 6 月日 K 线走势和 2018 年 3 月 26 日分时走势

大。量能放大越充分说明资金建仓数量越多，量能萎缩越狠说明资金持股态度越坚定，新一轮行情由此展开。

（三）操作要略

（1）股价下跌到低点后，开始持续出现放量反弹现象，成交量的放大非常连续，这说明低点区间有资金在进行建仓操作，在主力资金入场操作时，应当随时留意上涨行情的出现。此阶段的放量既可能是多方资金的抄底买盘，也有可能是空方资金集中的平仓盘，无论是哪种性质的交易量，都意味着多方力量的强大。多方大量建仓才能促使股价的上涨。所以，阶段性低点区域的放量反弹有利于股价的上行。

（2）股价经过初次小波段的上涨后，出现调整走势，调整区间成交量快速萎缩，由于大的上升趋势已经形成，并且股价所处位置并不高，因此，应当对缩量区间高度重视。整理区间内的量能萎缩会导致股价的波动呈呆滞的状态，此区间难以给投资者提供操作的机会。只不过由于前期是放量冲高，而放量后的缩量持续周期通常来说多半较短，同时，整理结束之后，股价延续之前趋势进行波动的概率则是极大的。

（3）冲高缩量回落区间形成之后，投资者还需要留意股价调整的低点位置，基本的要求是大趋势不能因为短期调整而改变，调整的低点不能呈现明确破位的迹象。即便破位时量能萎缩显示抛盘减轻，但也应当放弃关注，只有那些低点不断抬高的缩量回落区间才会提供操作的机会。

八、无量下影线

（一）走势综述

无量下影线的形态特征是主力建仓完毕后，便会拉抬股价发动行情，但无论是短线上涨还是中线上涨行情，在上涨过程中，主力总会进行各种各样的震仓操作。主力在震仓时，其K线形态多刻意制造出顶部形态的某些特征，以便对投资者的分析带来干扰，一旦投资者判断失误，很容易被清理出局而错过行情。主力打压震仓自然会留下盘面痕迹，在打压股价的过程中，成交量会变得越来越小，与前期的放量相比，当前的量能大幅萎缩。股价盘中大幅下挫后不久，便出现快速反弹，盘中留下长长的下影线，形成无量暴跌拉回走势，个股无论是K线形态还是量能配合均呈现出强势整理的状态。上升通道中的无量下影线从技术形态上很容易分辨，只要投资者对成交量及K线的变化形态进行了分析便可以知道主力的操作意图了。相比而言，无量震仓的安全性要比放量震仓高很多，因为主力是无法在不断萎缩的量能过程中完成出货操作的（见图 3-15）。

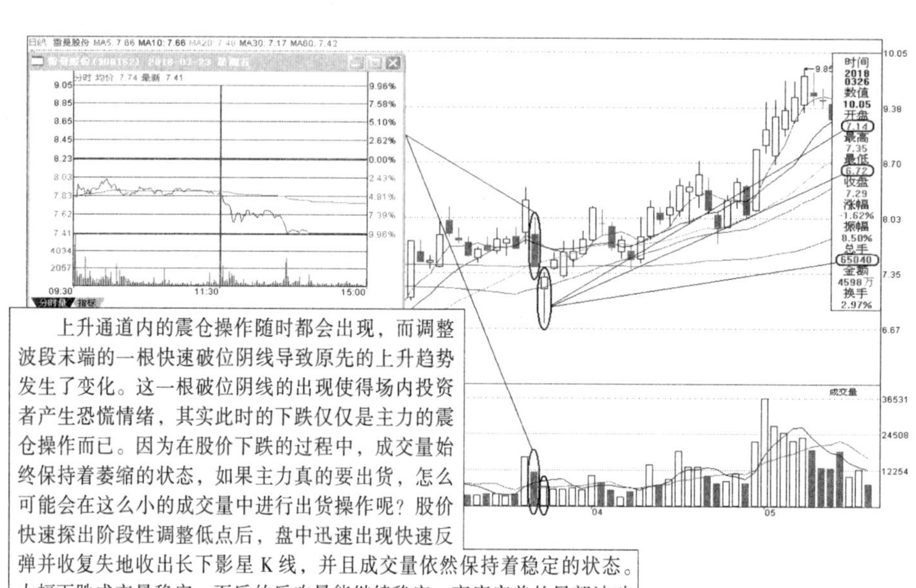
上升通道内的震仓操作随时都会出现，而调整波段末端的一根快速破位阴线导致原先的上升趋势发生了变化。这一根破位阴线的出现使得场内投资者产生恐慌情绪，其实此时的下跌仅仅是主力的震仓操作而已。因为在股价下跌的过程中，成交量始终保持着萎缩的状态，如果主力真的要出货，怎么可能会在这么小的成交量中进行出货操作呢？股价快速探出阶段性调整低点后，盘中迅速出现快速反弹并收复失地收出长下影星 K 线，并且成交量依然保持着稳定的状态。大幅下跌成交量稳定，而后的反攻量能继续稳定，高度完美的局部波动量能注定股价还有短中线上涨空间。

图 3-15　雷曼股份 2018 年 1 月至 5 月日 K 线走势和 2018 年 3 月 23 日分时走势

（二）经典案例

图 3-16 中可以看到，雷曼股份的股价在 2018 年 2 月 7 日星期日探出阶段性低点 6.20 元之后，便展开了一轮持续上涨行情。在股价上涨过程中，成交量始终在温和放大，这种量能说明主力在持续增仓，并且上升趋势明显，那就意味着行情会一直延续到主力想要的出货区间。股价上涨到中途出现了震荡的走势，特别是从 3 月 22 日开始，股价短线连续下跌走势形成了。面对此时股价的快速下跌，投资者都会感到害怕，是不是庄家跑了？

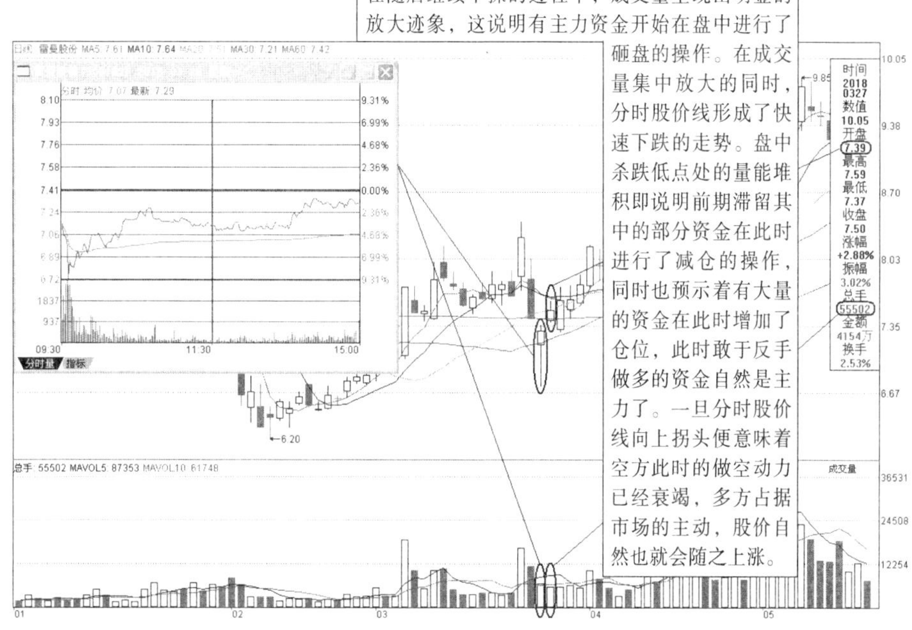
3 月 26 日，股价大幅低开的时候，成交量并没有放大，这说明恐慌心态还没有明确形成。但在随后继续下探的过程中，成交量呈现出明显的放大迹象，这说明有主力资金开始在盘中进行了砸盘的操作。在成交量集中放大的同时，分时股价线形成了快速下跌的走势。盘中杀跌低点处的量能堆积即说明前期滞留其中的部分资金在此时进行了减仓的操作，同时也预示着有大量的资金在此时增加了仓位，此时敢于反手做多的资金自然是主力了。一旦分时股价线向上拐头便意味着空方此时的做空动力已经衰竭，多方占据市场的主动，股价自然也就会随之上涨。

图 3-16 雷曼股份 2018 年 1 月至 5 月日 K 线走势和 2018 年 3 月 26 日分时走势

股价的顶部到来了？不是。股价的顶部不会在脱离底部区间不远处形成，当前的下跌虽然力度很大，但这仍旧是主力机构的震仓操作。3 月 23 日，股价出现一根跌停阴线，3 月 27 日股价大幅低开并探出调整波段的低点 6.72 元之后，盘中出现快速的回拉走势，形成盘中 V 形反转形态。在股价急跌时可以看到，成交量并没有放大的迹象，反而出现了连续萎缩，不断萎缩的成交量完全限制了主力的出货。3 月 27 日，主力震仓操作完毕后，再度发动了快速的向上跳空上涨走势，此时的量价关系仍处于温和的状态，反观整个触底回升的过程就是一段以小阳线为主的温和上涨形态，场内参与各方锁仓待涨特征明显，后市继续出现较有力度的上涨行情也就很容易理解了。

（三）操作要略

（1）主力以盘升形式拉出一定空间后，就需要通过震仓来清理跟风获利筹码，如果采用放量打压太过明显，就会面临在低点被其他先知先觉的资金逢低买入的危险。所以，如果主力的持仓量较大，则会采用另一种无量震仓的方式构筑一段宽幅的调整区域，以便从时间和空间上巩固主动权。

（2）股价在盘中下跌时的角度骤然增大，这说明股价的下跌属于主力打压式下跌。如果股价后期的反弹角度小于下跌时的角度，则说明股价的上涨非常弱，投资者绝对不能入场操作。如果后期股价的上涨角度大于下跌角度，形成强势反向角度，股价后期必然会出现强有力的上涨，强势反向角度的确立必然是主力所为，投资者应当在强势反转形态形成时及时入场操作。

（3）股价反弹走势力维持着萎缩状态，这说明盘中没有大力度抛盘。一方面是因为场内的投资者一致看好后市，另一方面是因为主力资金根本不想在这个位置卖出。在卖盘不断减小、股价始终保持强势时，投资者就要对这种波动特征密切关注了。

九、弱势缩量回升

（一）走势综述

弱势缩量回升的形态特征是在下降趋势形成初期，股价经短线快速放量急挫，做空动能得到初步的释放，股价出现企稳迹象。股价从相对低点开始反弹上涨，反弹力度和幅度虽然较小，但反弹所用的时间与下跌波段所用的时间相比明显延长。反弹区间内的量能堆积状况同前期急跌波段对比明显萎缩，此时的反弹走势就称为弱势缩量回升。弱势缩量回升走势是个股在放量急跌过后经常会见到的反弹形态，缩量弱势反弹的最大特征是反弹的时间比较长，这种反弹形成往往表示股价因急跌导致此时盘中做空的力度比较弱，但此时投资者还必须要结合反弹的幅度进行综合分析，如果仅是反弹的时间长而反弹的高度有限，那么股价后期连续下跌的概率还是比较大的（见图3-17）。

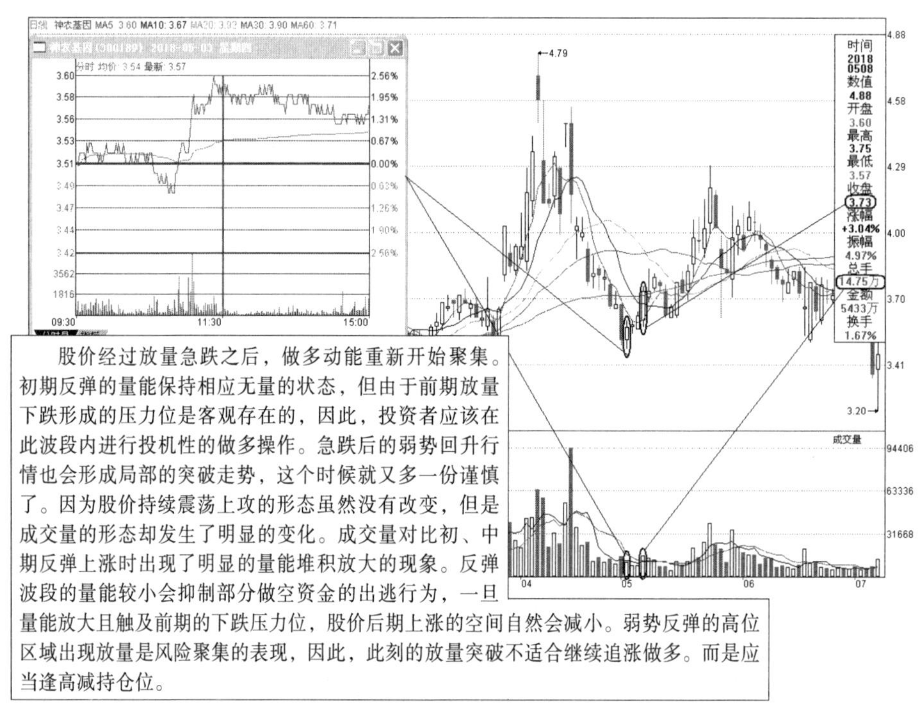
日线 神农基因 MA5 3.60 MA10: 3.67 MA20: 3.93 MA30: 3.90 MA60: 3.71
4.79
3.20
时间
2018
0508
数值
4.88
开盘
3.60
最高
3.75
最低
3.57
收盘
3.73
涨幅
+3.04%
振幅
4.97%
总手
14.75万
金额
5433万
换手
1.67%
成交量
股价经过放量急跌之后，做多动能重新开始聚集。初期反弹的量能保持相应无量的状态，但由于前期放量下跌形成的压力位是客观存在的，因此，投资者应该在此波段内进行投机性的做多操作。急跌后的弱势回升行情也会形成局部的突破走势，这个时候就又多一份谨慎了。因为股价持续震荡上攻的形态虽然没有改变，但是成交量的形态却发生了明显的变化。成交量对比初、中期反弹上涨时出现了明显的量能堆积放大的现象。反弹波段的量能较小会抑制部分做空资金的出逃行为，一旦量能放大且触及前期的下跌压力位，股价后期上涨的空间自然会减小。弱势反弹的高位区域出现放量是风险聚集的表现，因此，此刻的放量突破不适合继续追涨做多。而是应当逢高减持仓位。

图 3-17　神农基因 2017 年 11 月至 2018 年 7 月日 K 线走势和 2018 年 5 月 3 日分时走势

（二）经典案例

从图 3-18 中可以看到，神农基因的股价在 2018 年 5 月初前是呈单边放量急挫之中，并且在这个波段中形成了多个量能堆积的阻力位，这说明主力资金已在压力点附近进行了较大程度的出货操作，放量下跌意味着该区间抛盘较重，日后股价反弹时所受压力较大。2018 年 5 月 3 日股价形成触底后开始连续反弹上涨，在反弹过程中成交量始终保持无量状态。5 月 8 日，股价一举突破了短期均线的压制，明确了缩量反弹的有效性。通常来说，急跌使得做空动能得到一定程度的释放，因此在股价形成技术性修复的上涨时，成交量不配合放大也是可以理解的。在连续无量反弹到一定程度后，成交量出现逐级放大的迹象，特别是5月21日温和放量突破中期均线的压力时，成交量呈放大之势。5月24日在前期重要下降压力位附近，股价收出一根长上影突破性阳线，成交量继续放大，多空换手才能促使成交量放大，场外资金进场接盘，场内部分资金逢高出货，这些现象必然导致持续两周时间的弱势反弹行情的结束。

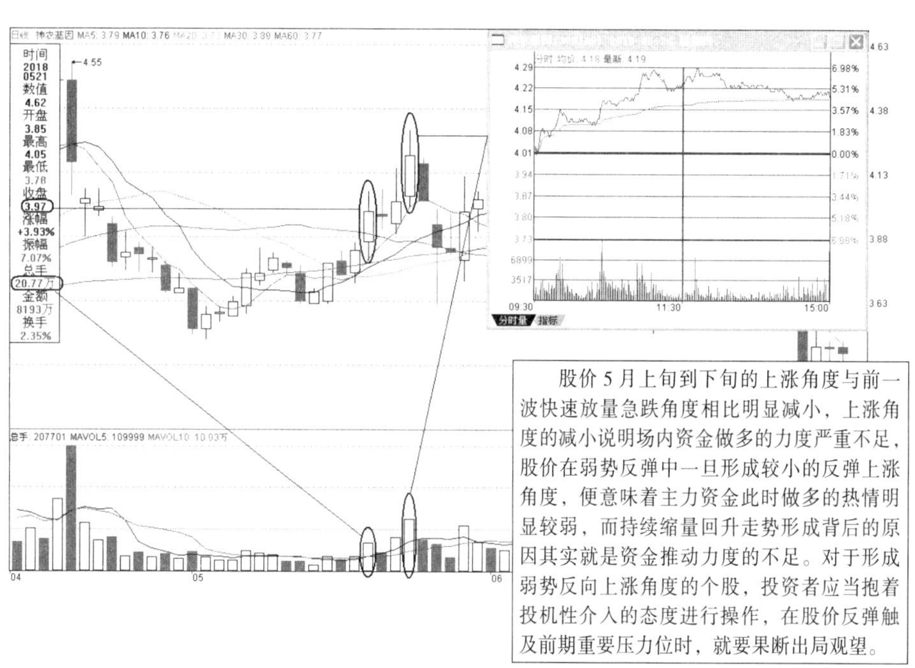
股价5月上旬到下旬的上涨角度与前一波快速放量急跌角度相比明显减小，上涨角度的减小说明场内资金做多的力度严重不足，股价在弱势反弹中一旦形成较小的反弹上涨角度，便意味着主力资金此时做多的热情明显较弱，而持续缩量回升走势形成背后的原因其实就是资金推动力度的不足。对于形成弱势反向上涨角度的个股，投资者应当抱着投机性介入的态度进行操作，在股价反弹触及前期重要压力位时，就要果断出局观望。

图3-18 神农基因2018年4月至7月日K线走势和2018年5月24日分时走势

（三）操作要略

（1）弱势缩量回升走势是市场中较为常见的现象，放量上涨随处可见，不管什么位置都会形成，但是，缩量回升更多地出现在下降通道的初、中期阶段，这是主流资金不认可当前股价的体现。此时的缩量反弹是一个相对的概念，它是针对之前股价涨跌过程中的放量而言的，绝对量能还是有所温和放大的，但通过对比便可以发现，成交量有明显的萎缩现象。缩量或无量回升并不能算是假上涨或假突破，很多时候股价也能延续较长跨度的上涨空间，而后才会出现回落。

（2）股价快速大幅下跌以后，正常的波动规律是，首先出现修复性反弹行情，而后再逐渐形成中线大底部，因此，股价此阶段的波动性质特殊，这种量能要求并不明确。只要短线上升趋势确立，就应当顺势操作。成交量越是不放大反而越好，因为量能不放大，资金便没机会出局，所以安全性也较高。

（3）对于下降通道中的反弹个股而言，如果股价持续缩量或无量反弹到高点区域后，开始呈现逐级放量的现象，对于短线操作的资金来讲，有低点建仓机会是绝不会在高点建仓的，因此，此阶段的量能性质多为获利资金的逢高出货，无量反弹形成以后，一旦见到持续性放量冲高动作走势，反弹行情十有八九将会于近期结束。

第四章

强势技术特征

“技术指标”是除了K线形态和成交量以外的辅助分析工具，股价的波动轨迹会通过数据化方式在其间表达出来，一般传统的用法大多通过“金叉”“死叉”“超买”“超卖”“背离”和“红绿信号”等来进行辨别，同时通过一些固定的数据作参考。在市场处于正常波动范围时，这些用法或许能起到相应的作用，而当市场处于不理性时期时，这些工具可能就会失去效果，这时候就需要摆脱大众化理解，从指标的形态中去寻找真谛。

一、KDJ 指标单金叉

（一）走势综述

股价经历了长时间的下跌走势，必然会促使股价在后期形成大幅反弹的走势。KDJ 指标形成单金叉前，K、D、J 三线深入数值 20 以下，并且在数值 20 以上连续出现两次到三次死叉。一旦 KDJ 指标线的数值于 20 以下，便意味着股价已经下跌过度，从而将会在后期展开一轮连续的反弹行情。当 KDJ 指标出现了金叉的时候，往往意味着股价已经到达了底部，一旦股价掉头向上，特别是 KDJ 指标向上开口的角度陡峭时，股价短线的快速上涨便会马上展开，因此投资者在 KDJ 指标金叉开口向上形成多头排列现象出现的时候应当及时入场进行操作。在利用 KDJ 指标操作反弹个股的时候，投资者预测涨幅的方法就是 KDJ 指标在此时的数值非常低，所以当 KDJ 指标数值没有反弹达到数值 80 附近的时候，股价必然会连续上涨。在 KDJ 指标没有达到超买区间的时候，投资者就不应当进行任何做空的操作（见图 4-1）。

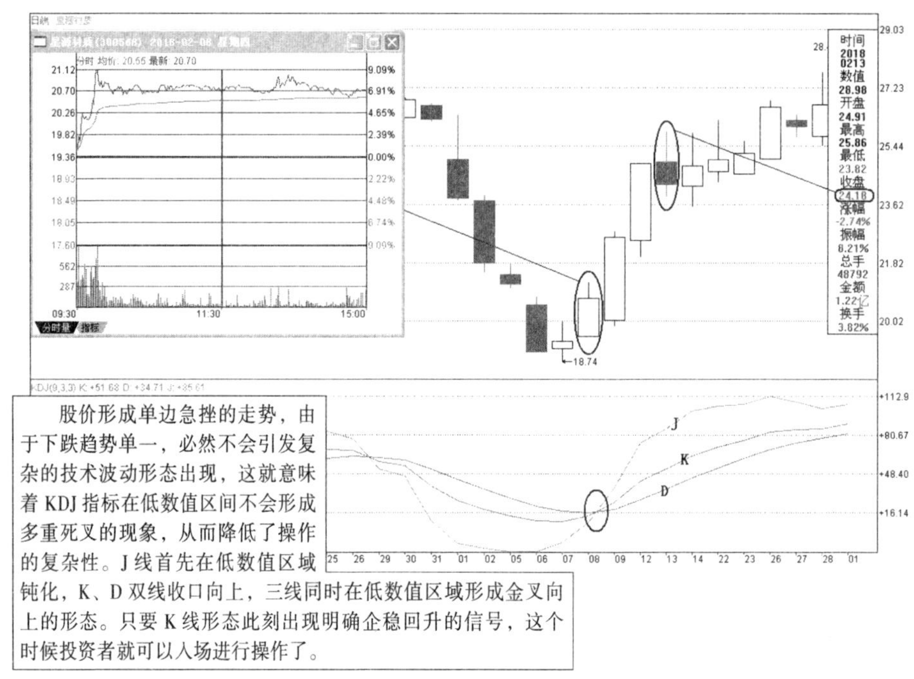
股价形成单边急挫的走势，由于下跌趋势单一，必然不会引发复杂的技术波动形态出现，这就意味着KDJ指标在低数值区间不会形成多重死叉的现象，从而降低了操作的复杂性。J线首先在低数值区域钝化，K、D双线收口向上，三线同时在低数值区域形成金叉向上的形态。只要K线形态此刻出现明确企稳回升的信号，这个时候投资者就可以入场进行操作了。
J
K
D

图 4-1　星源材质 2018 年 1 月至 2 月日 K 线走势和 2018 年 2 月 8 日分时走势

（二）经典案例

图 4-2 中可以看到，星源材质的股价从 2018 年 1 月末开始连续快速下跌的现象，其间盘中出现的小幅反弹并不能逆转下跌趋势。股价下跌加速对应的是 KDJ 指标单边下行，呈典型的空头排列之势。在股价单边急跌的时候，KDJ 指标向下开口的幅度越来越大，无法形成多重死叉的现象，向下开口放大且拒绝多重死叉意味着股价将会在一段时间内持续这种下降趋势，因为趋势一旦形成，股价必然会按照趋势进行延续的波动。KDJ 指

标在股价下跌到低点时，特别是J线的数值呈现严重低位钝化现象。这时，股价也在2月7日探出阶段性低点18.74元，K线和D线开始收口向上。2月8日的高开高走中阳线也确认了探底成功。这里KDJ指标也在数值20下方形成首先低位金叉，随着金叉的出现股价展开快速上涨，同时KDJ指数呈现明确的多头排列。股价经过连续的快速拉升后，2月13日，KDJ指标中的快线J线又达到数值80以上，说明存在短线调整风险，投资者需要谨慎待之。

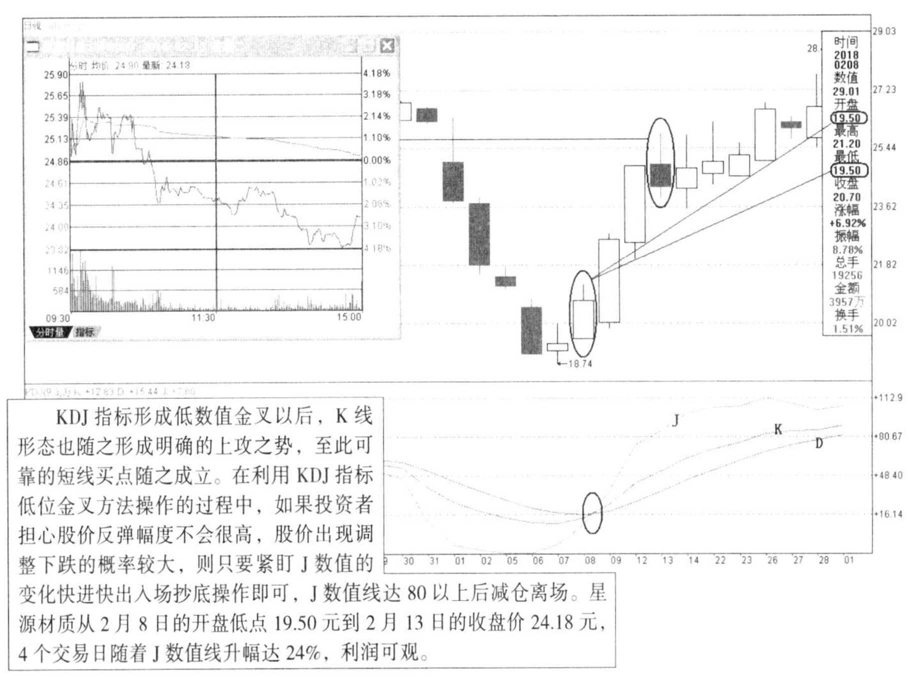

时间
2018
0208
数值
29.01
开盘
19.50
最高
21.20
最低
19.50
收盘
20.70
涨幅
+6.92%
振幅
8.78%
总手
19256
金额
3957万
换手
1.51%
18.74
J
K
D
KDJ指标形成低数值金叉以后，K线形态也随之形成明确的上攻之势，至此可靠的短线买点随之成立。在利用KDJ指标低位金叉方法操作的过程中，如果投资者担心股价反弹幅度不会很高，股价出现调整下跌的概率较大，则只要紧盯J数值的变化快进快出入场抄底操作即可，J数值线达80以上后减仓离场。星源材质从2月8日的开盘低点19.50元到2月13日的收盘价24.18元，4个交易日随着J数值线升幅达24%，利润可观。

图4-2 星源材质2018年1月至2月日K线走势和2018年2月13日分时走势

（三）操作要略

（1）股价在触底反弹之前出现了快速大角度的下跌，KDJ 指标线由高位伴随着股价不断地张口向下滑落。只要 KDJ 指标的指标线保持着标准空头排列的形态，股价就不会出现任何短线上涨机会。什么时候 KDJ 指标在低数值区域形成钝化现象并开口向上产生金叉买入信号，股价的波动才会给投资者带来盈利的机会。

（2）在股价单边下挫的时候，投资者最好不要盲目地预测股价的底部在哪里，而是应当耐心地等待，股价短线跌到底部以后必然会出现明确的技术性特征，只有短线底部技术指标形成以后，投资者才可以进行操作。当 K 线形态开始呈现触底企稳特征的时候，KDJ 指标会及时提示投资者，一旦 KDJ 指标线的数值小于 20 的时候，股价短线的底部也就快到来了。

（3）当 K 线形态发出确认触底成功信号以后，KDJ 指标在底部必然会发出向上收口的首次金叉的买入信号，指标数值小于 20 已经说明股价的波动具备了很大的安全性，再加 上指标低数值区域首先出现金叉买入信号，此时股价的上涨就成为必然。

（4）由于 KDJ 指标过于敏感，当投资者进行短线操作时，股价短线被快速拉升到相对高位后，一旦 KDJ 指标中 K 线的数值大于 80 时，特别是 J 线的数值高位钝化的时候则意味着有短线调整风险，投资者应该及时回避。

二、KDJ 指标多重金叉

（一）走势综述

股价在低位区域形成窄幅盘整的格局，KDJ 指标必然会形成金叉止跌的信号，一旦 J 线和 K 线首次在低数值区域同时向上突破 D 线时，说明股价已经进入底部区间，即使低位震荡走势仍将延续一段时间，幅度也较为有限，因此，这个位置可以开始分阶段买入股票，进行中长线布局。当股价经过一段时间的震荡蓄势的行情之后，K、D、J 三线仍旧维持在低数值线附近徘徊时，一旦 J 线和 K 线几乎同时再次或三次向上突破 D 线，成交量也再度放大时，表明股市处于一种强势之中，股价将再次上涨，可以加码买进股票或持股待涨，这就是 KDJ 指标多重低位金叉的又一种买入方式。KDJ 指标在低数值区域形成首次金叉时，说明股价已经进入底部区间，即使下跌，幅度也比较有限，在形成第二或第三次金叉时，更加明确股价企稳回升之势已经形成，应该积极入场操作。KDJ 指标形成多重金叉时，多重金叉之间的距离越近越好，距离近说明股价短期的强势波动特征明显，主力低位震荡吸筹的意图明确，进行打压建仓。KDJ 指标形成首次金叉时，金叉位置须在数值 20 以下，并且第二次或第三次金叉与第一次金叉应该保持水平或略微抬高之势，指标线与 K 线形态之间呈现一定程度的底背离现象（见图 4–3）。

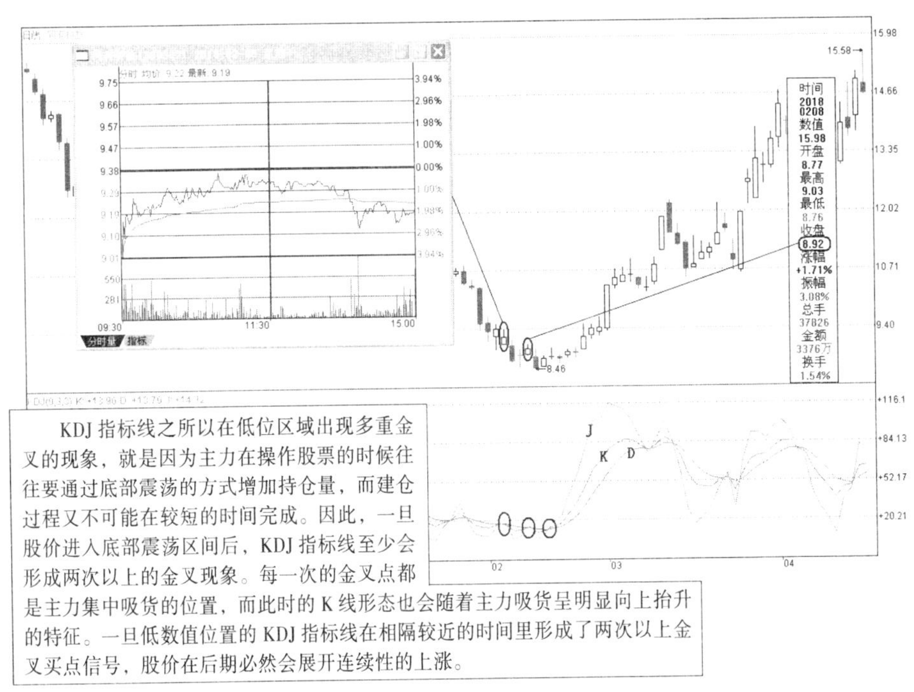
KDJ 指标线之所以在低位区域出现多重金叉的现象，就是因为主力在操作股票的时候往往要通过底部震荡的方式增加持仓量，而建仓过程又不可能在较短的时间完成。因此，一旦股价进入底部震荡区间后，KDJ 指标线至少会形成两次以上的金叉现象。每一次的金叉点都是主力集中吸货的位置，而此时的 K 线形态也会随着主力吸货呈明显向上抬升的特征。一旦低数值位置的 KDJ 指标线在相隔较近的时间里形成了两次以上金叉买点信号，股价在后期必然会展开连续性的上涨。
时间
2018
0208
数值
15.98
开盘
8.77
最高
9.03
最低
8.76
收盘
8.92
涨幅
+1.71%
振幅
3.08%
总手
37826
金额
3376万
换手
1.54%
J
K
D
分时量
指标

图 4–3 同有科技 2017 年 11 月至 2018 年 4 月日 K 线走势和 2018 年 2 月 5 日分时走势

（二）经典案例

从图 4–4 中可以看到，同有科技的股价在 2018 年 2 月初以前是处于中期下跌趋势之中，经常出现大实体阴线下跌的走势，即便在下跌过程中出现的阳线迅速被阴线吞没，多方没有一点还手的余地。当股价 2 月上旬下跌到阶段性低点 8 元左右的时候，形成一段中期的低点震荡区间。同时，出现 KDJ 指标数值小于 20 的低位多重金叉现象，指标线多重金叉保持在水平的位置上。当 2 月 5 日，KDJ 指标形成第一次金叉时，并没有出现指标的多头排列，很快就转变成死叉继续震荡走势。这里的股价并没有完全形成底部，而是进入底部区间，此时投资者就需要重点关注了。

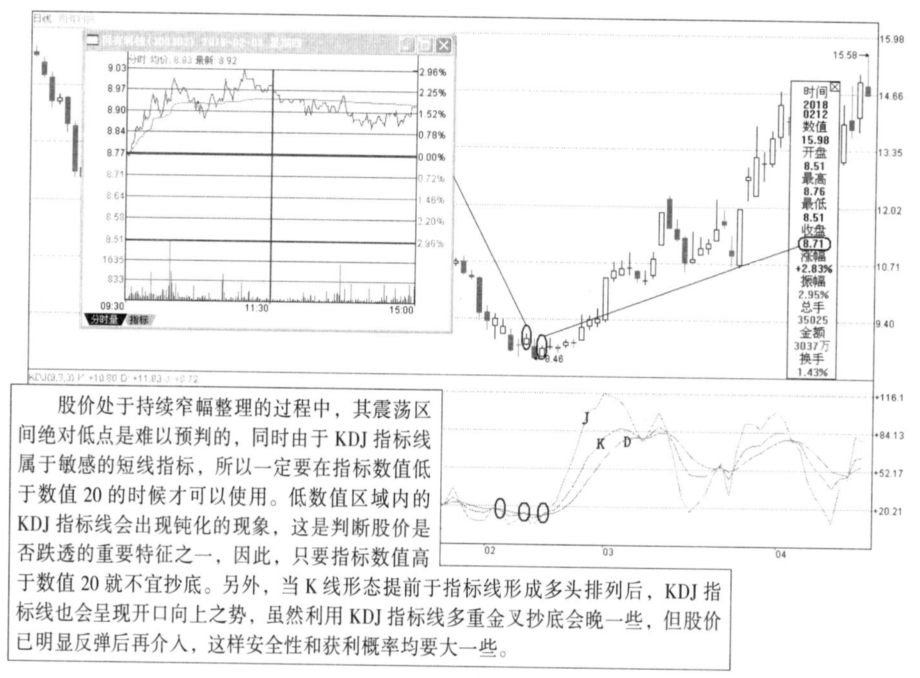
股价处于持续窄幅整理的过程中，其震荡区间绝对低点是难以预判的，同时由于 KDJ 指标线属于敏感的短线指标，所以一定要在指标数值低于数值 20 的时候才可以使用。低数值区域内的 KDJ 指标线会出现钝化的现象，这是判断股价是否跌透的重要特征之一，因此，只要指标数值高于数值 20 就不宜抄底。另外，当 K 线形态提前于指标线形成多头排列后，KDJ 指标线也会呈现开口向上之势，虽然利用 KDJ 指标线多重金叉抄底会晚一些，但股价已明显反弹后再介入，这样安全性和获利概率均要大一些。

图 4-4　同有科技 2017 年 11 月至 2018 年 4 月日 K 线走势和 2018 年 2 月 8 日分时走势

在 2 月 8 日和 2 月 13 日再次在低数值区间内形成金叉时，K 线形态已经开始向上抬升了，特别是 KDJ 指标线形成开口向上的多头排列形态时，就应该及时把握短线操作机会了。

（三）操作要略

（1）股价短线出现了较大幅度的下跌，就会带动 KDJ 指标数值进入超卖区，指标线的超卖区是安全区间，一旦 KDJ 指标在这个区间出现金叉现象，特别是连续多次出现金叉现象时，股价必然会呈现出震荡向上的趋势，股价形成多头趋势后，KDJ 指标线也会逐步形成开口向上之势，投资者一定要及时入场操作。

（2）KDJ 指标在低数值区域首次向形成金叉买入信号，买入信号的出现意味着股价下跌已经到了末期，虽然股价没有上涨，但中长线投资者完全可以逢低买入部分仓位。其后，KDJ 指标继续发出了金叉买入信号，在这个时候，就要及时入场进行操作了，一旦 KDJ 指标线向上开口，形成多头排列，股价上涨的速度就会加快。

（3）在做空动能仍旧有待释放的时候，股价在低位区域震荡的过程中，KDJ 指标由于短线过于敏感，会形成金叉向上的趋势并再次进入高数值区间。这是此种方法的不足之处。虽然有缺点，但它的优点投资者仍不能忘记。

三、MACD 指标双金叉

（一）走势综述

在低位震荡区间的过程中，股价出现缓步向上的态势，这说明股价即将重新启动上涨。股价在缓慢回升的过程中，MACD 指标的 DIF 线向上突破 DEA 线时，出现黄金交叉，预示股价有走强的可能。随后，该股又重回跌势，MACD 指标也再度出现向下死叉，投资者此时不可轻易介入该股。随着震荡的延续，股价的波动幅度进一步收窄，某一日股价突然再度大幅拉升，成交量也呈剧烈放大态势，此时，MACD 指标再次出现底部黄金交叉（以下简称金叉），且这一向上金叉距上一次黄金叉时间较短。至此，MACD 指标双金叉形态成立，投资者可放心买入该股。MACD 指标在 0 轴之上发生金叉，表明股价已有一定的升幅，此阶段适合短线参与操作。同理，MACD 指标在 0 轴之下产生双金叉现象，则是股价蓄势充分的表现，低位调整之后的再度走强，是一个非常可靠的中线起涨点，投资者可以积极参与。

另外，MACD 指标的 DIF 线和 DEA 线纠缠在一起，且反复出现交叉的，不能视为指标双金叉。当然采用 MACD 指标金叉信号做多时也不能忽略股价的整体位置和其他重要的技术指标等因素，投资者操作时应全面考虑这些细节问题（见图 4-5）。

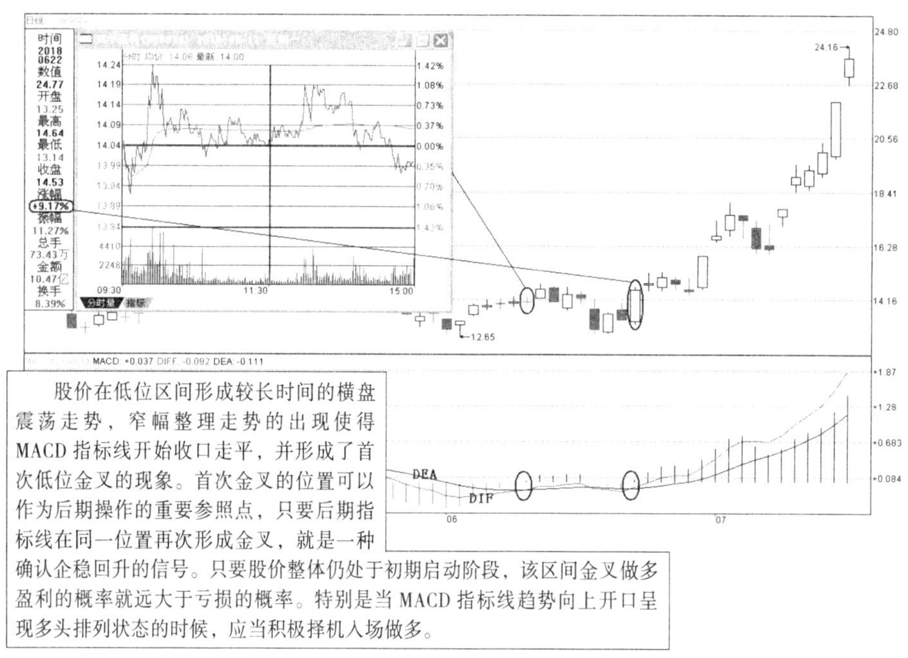
股价在低位区间形成较长时间的横盘震荡走势，窄幅整理走势的出现使得MACD 指标线开始收口走平，并形成了首次低位金叉的现象。首次金叉的位置可以作为后期操作的重要参照点，只要后期指标线在同一位置再次形成金叉，就是一种确认企稳回升的信号。只要股价整体仍处于初期启动阶段，该区间金叉做多盈利的概率就远大于亏损的概率。特别是当 MACD 指标线趋势向上开口呈现多头排列状态的时候，应当积极择机入场做多。
DEA
DIF
MACD: +0.037 DIFF: -0.092 DEA: -0.111
24.16
12.65

图 4-5 风华高科 2018 年 4 月至 7 月日 K 线走势和 2018 年 6 月 11 日分时走势

（二）经典案例

从图 4-6 中可以看到，风华高科的股价 2018 年 5 月中旬出现了阶段性调整的行情，并且形成较大幅下跌走势。虽然下跌过程中有所反弹，但还是无法逆转下跌走势，在反弹过程中，很容

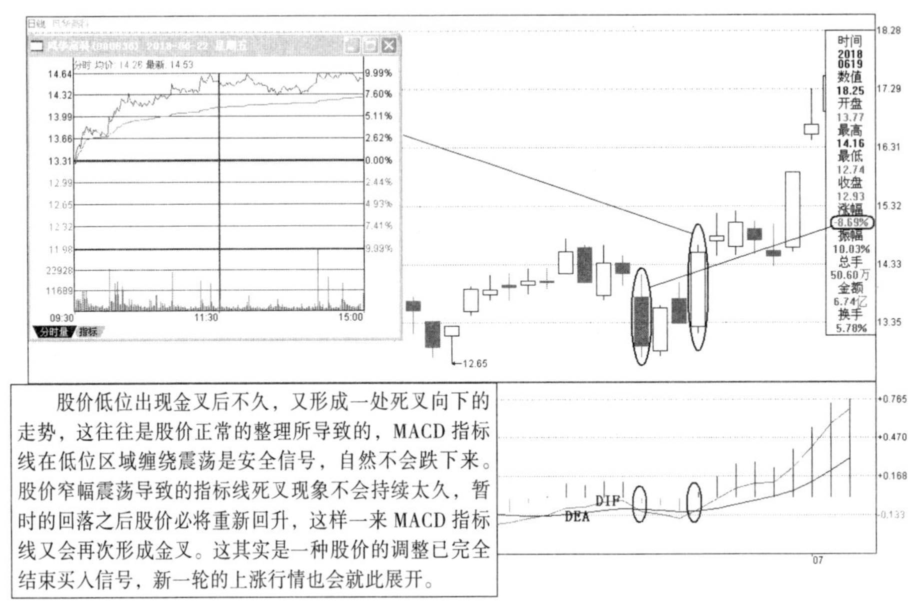
股价低位出现金叉后不久，又形成一处死叉向下的走势，这往往是股价正常的整理所导致的，MACD 指标线在低位区域缠绕震荡是安全信号，自然不会跌下来。股价窄幅震荡导致的指标线死叉现象不会持续太久，暂时的回落之后股价必将重新回升，这样一来 MACD 指标线又会再次形成金叉。这其实是一种股价的调整已完全结束买入信号，新一轮的上涨行情也会就此展开。
12.65
DIF
DEA

图 4-6　风华高科 2018 年 5 月至 6 月日 K 线走势和 2018 年 6 月 22 日分时走势

易把投资者引诱入场操作从而产生亏损。其实这一阶段只要看一下 MACD 指标就能轻松判断，5 月中旬，MACD 指标跟随股价开始下跌而产生两次死叉，MACD 指标线呈现典型开口向下的特征，其间股价虽有反弹阳线出现，但 MACD 指标线空头排列之势始终未变。6 月 4 日，股价探出调整低点 12.65 元之后， MACD 指标线开始走平并逐步收口。股价在构筑低位震荡区间的同时，MACD 指标在 6 月 11 日形成了第一次金叉，说明股价已经初步企稳，但此时不应该重仓介入操作。6 月 19 日和 6 月 22 日，股价出现巨幅的阴阳震荡，MACD 指标再次出现第二次金叉，并且位置高于第一次金叉，在第二次金叉时，股价的低点却比第一次金叉时低，形成明显的底部背离双金叉，随后股价便出现底部展开上涨走势，所以，应该在指标第二次金叉形成时，积极入场操作。

（三）操作要略

（1）股价在连续下跌的过程中，形成弱势反弹，但 MACD 指标线仍旧开口向下延伸，并且两条指标线呈空头排列时，应对反弹持观望态度，MACD 指标属于趋势指标，它不变向，股价波动方向不会发生改变。

（2）股价在低位出现触底企稳形态之后，MACD 指标线必然会出现黏合并形成首次金叉，此时应该对其走势进行跟踪关注。在很多时候，股价连续下跌虽然 MACD 指标发出了金叉信号，但股价却并没有出现上涨，这预示着股价仍需要进行最后一次下跌，进行最后的清理浮筹操作。当指标第二次金叉出现以后，股价便会展开连续的上涨走势。

（3）MACD 指标双金叉时，双金叉间距越短越好，时间短说明股价波动迹象明确，第二次金叉位置比第一次越高越好，第二次金叉位置比第一次金叉高说明股价后期上涨力度会更大。此时入场进行操作，不仅资金的安全性非常高，而且股价往往会马上展开上涨行情。因此 MACD 指标底部双金叉形成的时候，就是投资者最好的介入点。

四、MACD缠绕交叉

（一）走势综述

股价在经历了持续的上涨以后，低位获利筹码逐渐增多，主力必须要压缩短线跟风盘的盈利空间，让他们在上涨的中途卖出手中的股票，也便于减轻后期上涨的抛盘。于是开始在上涨的中途进行震仓的操作，由于主力前期采用的是拉高建仓方式，当前的股价距离主力持仓成本很近，因此，只能采取横盘震仓的方式将投资者给清理出去。随着主力在打压股价的操作延续，股价的重心会不断地降低，这种走势就会使MACD指标形成死叉。通常情况下，一旦MACD指标出现死叉卖出信号，短线投资者必须学会选择暂时离场观望。所以，上升阶段的MACD死叉震仓的效果不仅好，而且主力所需要花费的资金也是很少的，可谓是一举两得。之所以要求股价必须形成横盘震荡走势，就是为了限定股价在MACD指标上升死叉形成以后出现破位的走势，所以要求死叉后的金叉在短时间内必须快速形成，为的就是限制股价的下跌幅度。股价窄幅波动必然导致 MACD 指标线缠绕在一起，只要再次出现金叉向上的走势，就说明盘中的主力资金已经又进行操作了，否则股价和 MACD 指标线怎么会维持平衡状况呢？MACD 指标上升途中的死叉和金叉交替缠绕出现是对股价的波动进行了二次的确认，这说明股价的波动区间是安全的，投资者应当择机入场操作（见图 4-7）。

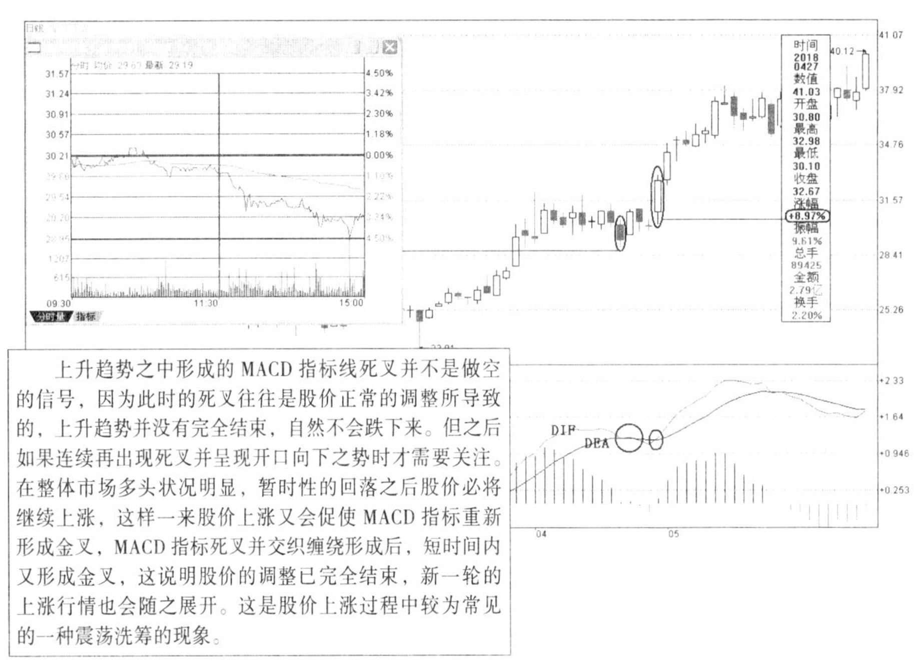
时间
2018
0427
数值
41.03
开盘
30.80
最高
32.98
最低
30.10
收盘
32.67
涨幅
+8.97%
振幅
9.61%
总手
89425
金额
2.79亿
换手
2.20%
DIF
DEA
上升趋势之中形成的 MACD 指标线死叉并不是做空的信号，因为此时的死叉往往是股价正常的调整所导致的，上升趋势并没有完全结束，自然不会跌下来。但之后如果连续再出现死叉并呈现开口向下之势时才需要关注。在整体市场多头状况明显，暂时性的回落之后股价必将继续上涨，这样一来股价上涨又会促使 MACD 指标重新形成金叉，MACD 指标死叉并交织缠绕形成后，短时间内又形成金叉，这说明股价的调整已完全结束，新一轮的上涨行情也会随之展开。这是股价上涨过程中较为常见的一种震荡洗筹的现象。

图 4-7　重庆百货 2018 年 1 月至 5 月日 K 线走势和 2018 年 4 月 23 日分时走势

（二）经典案例

从图 4-8 中可以看到，重庆百货的股价在上升途中出现调整的走势，随着主力大力度的打压，股价从 2018 年 4 月中旬形成了一段窄幅整理的中继平台，小阴线、小阳线是这一阶段的主基调，成交量也大幅萎缩。4 月 23 日，出现一根实体较大的中阴线，MACD 指标线也随之形成死叉向下的走势，由于中期波动趋势的转坏必然引发短线投资者进行清仓离场的操作，因为 DIF 线向下穿 DEA 线对于投资者来说就是短线的止盈止损位所在。此时的 DIF 线虽然下穿 DEA 线，但是并没有马上张口向下运行，而是互相缠绕之后才回到下方，但指标线拒绝深幅下行的特征明显。此后，随着 4 月 27 日的一根大阳线而被快速拉回，MACD 指标线快速地收复了失地，又重新形成金叉向上的走势。这种先死叉后缠绕再金叉的走势就是 MACD 缠绕交叉买点最明显的技术特征。MACD 缠绕交叉买点往往出现在股价上涨的中途，看似 MACD 指标线同股价的趋势一同发生逆转，但马上便会收出一根大实体的阳线使股价重新回归到上升通道之中，一旦上升震荡区间形成了 MACD 缠绕交叉的走势，投资者就需要及时地在突破大阳线出现的时候入场做多。股价在中继震荡平台的末端，随着 MACD 指标线的反复交叉及突破 K 线买点的出现，股价必然会产生连续上涨的走势。

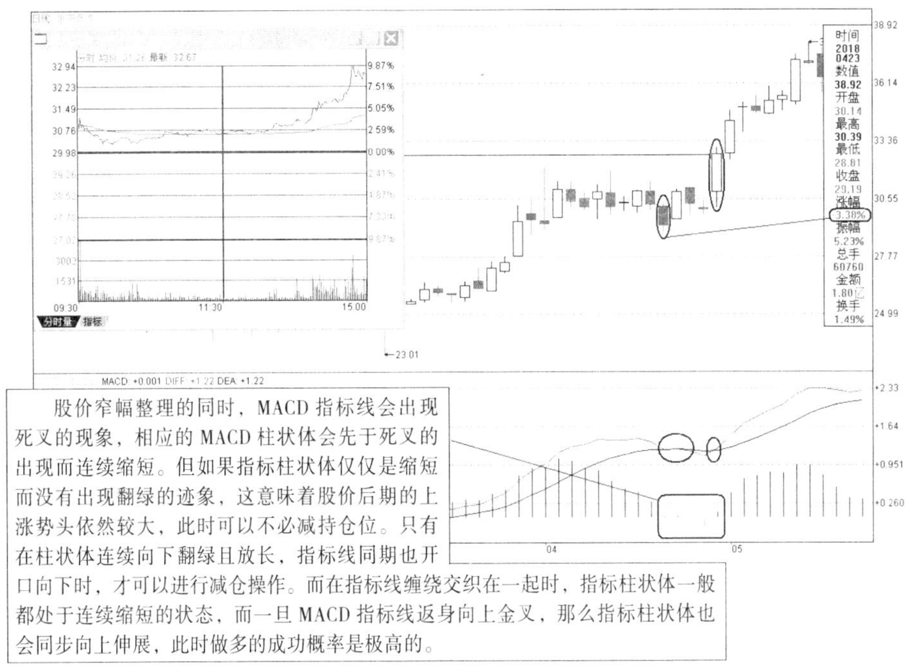
股价窄幅整理的同时，MACD 指标线会出现死叉的现象，相应的 MACD 柱状体会先于死叉的出现而连续缩短。但如果指标柱状体仅仅是缩短而没有出现翻绿的迹象，这意味着股价后期的上涨势头依然较大，此时可以不必减持仓位。只有在柱状体连续向下翻绿且放长，指标线同期也开口向下时，才可以进行减仓操作。而在指标线缠绕交织在一起时，指标柱状体一般都处于连续缩短的状态，而一旦 MACD 指标线返身向上金叉，那么指标柱状体也会同步向上伸展，此时做多的成功概率是极高的。

图 4-8　重庆百货 2018 年 1 月至 5 月日 K 线走势和 2018 年 4 月 27 日分时走势

（三）操作要略

（1）股价在上涨过后调整走势也随之到来，从调整区间的缩量和股价较小的回落幅度来看，后期继续上涨的概率是非常大的。虽然 K 线调整的幅度并不是很大，但依然会导致 MACD 指标死叉现象的出现，此时进行做空操作显然不适合，因为从股价的波动性质来看，这是窄幅震荡区间内形成的调整性死叉，是可以适当忽视的。

（2）对于次日或短期内再恢复成金叉的死叉，投资者应当将其视为增仓做多的机会，也只有在股价上涨的初期阶段形成如此走势时，获利的概率才会是比较大的。死叉和金叉多以缠绕的形式展开，且随着股价重新上涨金叉再度形成，这意味着调整的彻底结束，金叉的出现是股价再次上涨的信号，毫无疑问应当再次入场做多。

五、RSI 多头排列

（一）走势综述

RSI 多头排列是指股价在底部区域持续震荡，RSI 三线大部分时间在 20 数值线以下的弱势区域运行。当 RSI1 自下而上穿越 RSI2 线形成首次低位金叉，此后股价反转上行，说明下跌走势得到逆转，后市将进入企稳反弹的走势中。伴随着股价的持续回升，RSI1 线和 RSI2 线同时突破 50 数值线结束盘整的走势，并同 RSI3 线产生向上金叉，自此 RSI 三线形成开口向上发散的多头排列形态。在 50 数值线的时候如果有成交量的配合则更加理想，因为成交量放大是主力持续做多的表现，也是对 RSI 多头排列信号的再确认。RSI 指标的这些特征预示着股价已经从企稳反弹转入强势上升的态势，投资者可以及时介入做多（见图 4-9）。

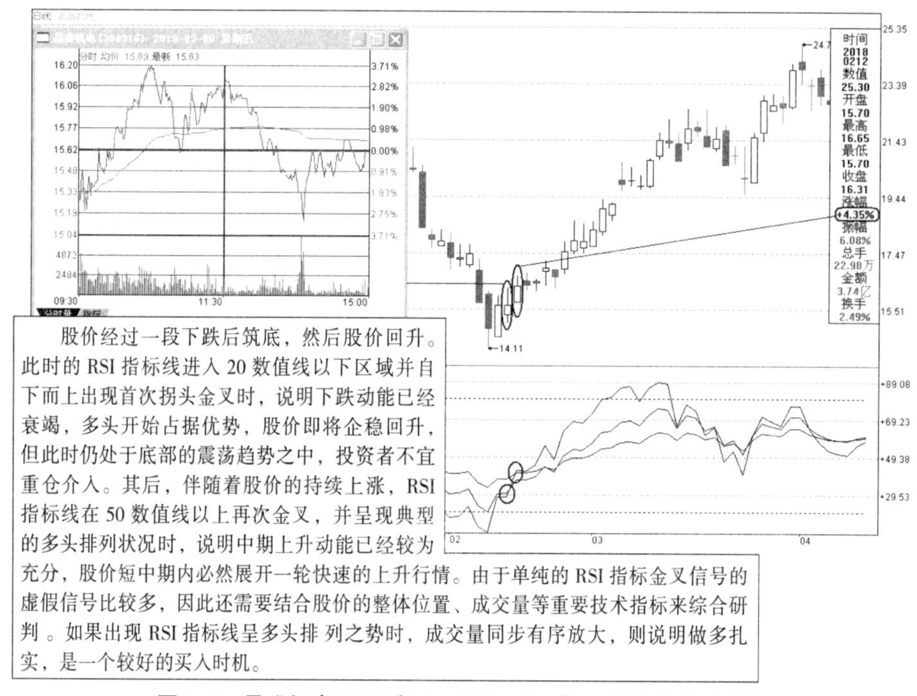
股价经过一段下跌后筑底，然后股价回升。此时的 RSI 指标线进入 20 数值线以下区域并自下而上出现首次拐头金叉时，说明下跌动能已经衰竭，多头开始占据优势，股价即将企稳回升，但此时仍处于底部的震荡趋势之中，投资者不宜重仓介入。其后，伴随着股价的持续上涨，RSI 指标线在 50 数值线以上再次金叉，并呈现典型的多头排列状况时，说明中期上升动能已经较为充分，股价短中期内必然展开一轮快速的上升行情。由于单纯的 RSI 指标金叉信号的虚假信号比较多，因此还需要结合股价的整体位置、成交量等重要技术指标来综合研判。如果出现 RSI 指标线呈多头排列之势时，成交量同步有序放大，则说明做多扎实，是一个较好的买入时机。

图 4-9　晶盛机电 2017 年 11 月至 2018 年 4 月日 K 线走势和 2018 年 2 月 9 日分时走势

（二）经典案例

从图 4-10 中可以看到，晶盛机电的股价在 2018 年 2 月 7 日前探出阶段性低点 14.11 元之前，股价是单边下行的，体现在RSI 指标上就是快速向低数值区域靠拢，这一阶段的 RSI 指标三线呈现鲜明的开口向下趋势，表现出典型的空头排列特征。只要 RSI 指标三线不收口企稳，股价下降趋势就不能得到彻底的扭转。在 RSI 指标线没有出现向上收口的状况下，投资者不要趁急跌冒险去赌博反弹，风险与收益不成比例。直到 2 月 8 日，股价收出一根企稳回升的中阳线后，此时的 RSI 指标线开始在低数值区域收口向上，这表明一直以来的疲弱下跌走势得到了扭转，很可能就此走出上升行情。这是一处明确的止跌企稳信号，短线投资者可以适当介入。RSI 指标通常在 50 数值线的位置形成一个重要的压力带，后市如能有效突破，继续上升趋势会得以维持。2 月 9 日和 12 日，股价连续形成两处金叉，并突破了 50 数值线的压力位，此时的 RSI 三线也开始张口同处发散，这是明确的多头特征，说明上升的障碍已经扫除，那么这就是一处重要的增仓位置，此后果然加速上行，短线涨幅巨大。

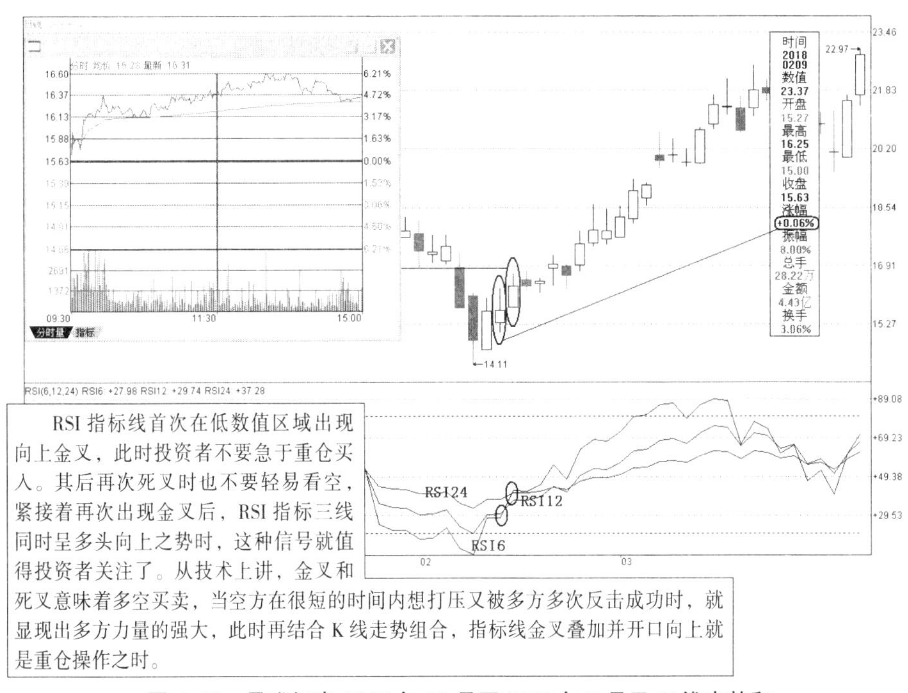
分时 均价 15.28 最新 16.31
16.60
16.37
16.13
15.88
15.63
6.21%
4.72%
3.17%
1.63%
0.00%
2691
1372
09:30
11:30
15:00
分时量
指标
时间
2018
0209
数值
23.37
开盘
15.27
最高
16.25
最低
15.00
收盘
15.63
涨幅
+0.06%
振幅
8.00%
总手
28.22万
金额
4.43亿
换手
3.06%
22.97
14.11
23.46
21.83
20.20
18.54
16.91
15.27
RSI(6,12,24) RSI6: +27.98 RSI12: +29.74 RSI24: +37.28
+89.08
+69.23
+49.38
+29.53
RSI24
RSI12
RSI6
02
03
RSI 指标线首次在低数值区域出现向上金叉，此时投资者不要急于重仓买入。其后再次死叉时也不要轻易看空，紧接着再次出现金叉后，RSI 指标三线同时呈多头向上之势时，这种信号就值得投资者关注了。从技术上讲，金叉和死叉意味着多空买卖，当空方在很短的时间内想打压又被多方多次反击成功时，就显现出多方力量的强大，此时再结合 K 线走势组合，指标线金叉叠加并开口向上就是重仓操作之时。

图 4-10 晶盛机电 2017 年 12 月至 2018 年 3 月日 K 线走势和 2018 年 2 月 12 日分时走势

（三）操作要略

（1）股价出现了快速下跌，RSI 指标线很快进入 20 数值线的下方，RSI 指标的下降趋势必然会被打破，股价再次形成新一次轮回上涨。RSI 的变动范围在数值 0~100，强弱指标值一般分布在数值 20~80，而顶点 70 及底点 30 通常为超卖及超买信号发生区，当多头趋势改变在数值 70 及以上，空头趋势改变在数值 30 及以下位置时，形成多空轮回转换的概率将会增大。

（2）利用 RSI 指标跟踪趋势变化的同时，还要兼顾 K 线形态的高低点强弱的分析。由于 RSI 指标是要求追涨买入的，因此一定要在 K 线形态处于强势的过程中才适合追涨买股票。上涨形态明确时，操作个股的系统性风险较低。在弱市时，个股上涨往往是昙花一现，追涨的风险极大。

（3）由于 RSI 是通过收盘价计算的，如果当天盘面走势上下振幅较大，K 线实体带有较长的上下影线时，RSI 指标就不可能较为准确地反映此时行情的变化。在实际运用中，可以在股价短线波动幅度较大且涨跌变动较频繁时，将 RSI 参数设定得小一点；在股价盘中波动幅度较小且涨跌变动不频繁时，将 RSI 参数设定大一点即可。

六、RSI 指标底背离

（一）走势综述

RSI 指标底背离是指股价经历快速下跌之后，下跌的角度和力度有所减缓。在不断创出新低的过程中，RSI 指标在 20 数值线以下的低位区却没有跟随 K 线形态创出新低，其指标线有逐步抬高的迹象。这是典型的股价与指标底背离。底背离现象的出现意味着空头衰竭，底部即将来临，不再适合继续做空。当然，在没有明确的反转信号之前还不能提前做多，因为在趋势没有完结前做多是非常危险的，需要静待时机来临。此时 K 线走势如果出现底部构筑形态时，说明股价已经下跌至底部位置，即将启动反弹。若 K 线底部对应的 RSI 指标呈现底背离形态后又出现低位金叉，则可进一步增强买入信号的准确性，投资者可以适当介入做多。不过此阶段如果量能释放有限，做多仍需谨慎（见图 4-11）。

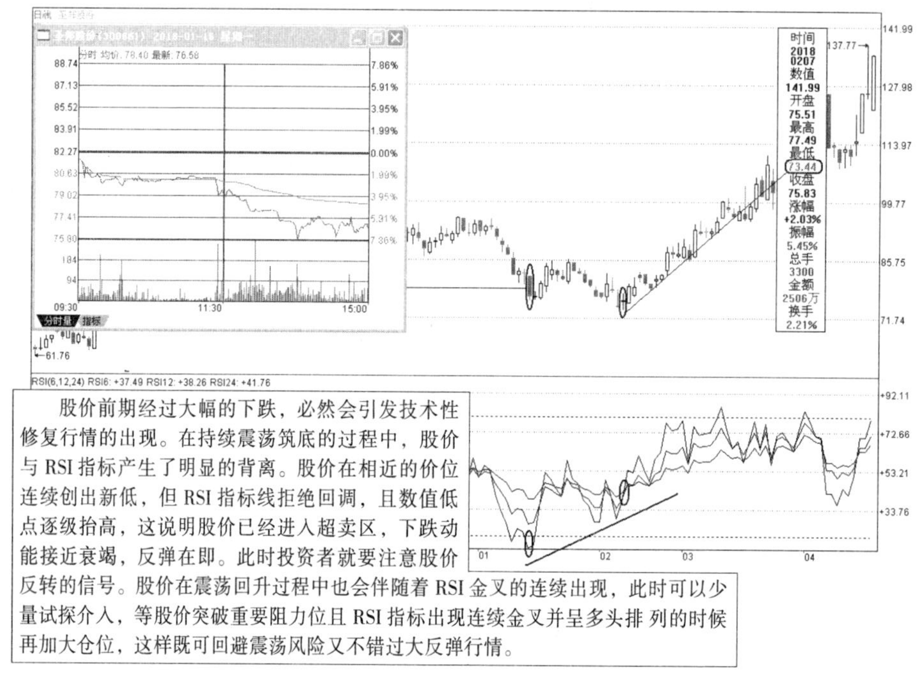
时间
2018
0207
数值
141.99
开盘
75.51
最高
77.49
最低
73.44
收盘
75.83
涨幅
+2.03%
振幅
5.45%
总手
3300
金额
2506万
换手
2.21%
RSI(6,12,24) RSI6: +37.49 RSI12: +38.26 RSI24: +41.76
股价前期经过大幅的下跌，必然会引发技术性修复行情的出现。在持续震荡筑底的过程中，股价与RSI指标产生了明显的背离。股价在相近的价位连续创出新低，但RSI指标线拒绝回调，且数值低点逐级抬高，这说明股价已经进入超卖区，下跌动能接近衰竭，反弹在即。此时投资者就要注意股价反转的信号。股价在震荡回升过程中也会伴随着RSI金叉的连续出现，此时可以少量试探介入，等股价突破重要阻力位且RSI指标出现连续金叉并呈多头排 列的时候再加大仓位，这样既可回避震荡风险又不错过大反弹行情。

图 4-11　圣邦股份 2017 年 9 月至 2018 年 4 月日 K 线走势和 2018 年 1 月 15 日分时走势

（二）经典案例

从图 4-12 中可以看到，圣邦股份的股价 2018 年 1 月中旬到 2 月上旬这段交易时间段内，K 线形态上呈现出双底调整的走势特征。股价于 1 月 15 日收出一根中阴线，在构筑一个调整低点的同时，RSI 指标线也创出一个数值低点，其后的震荡筑底过程中又探出一个新低 73.44 元，第二个低谷的低点要低于前一个低谷的低点。与此同时，RSI 指标线并没有同步创出数值低点，不仅如此，RSI 数值线是倾斜向上的，其低数值区域的低点是逐级抬高的。至此股价走势与 RSI 指标确认形成底背离形态。股价在 2 月 7 日探出新低点 73.44 元的同时，RSI 指标线向上再次向上形成金叉，且 RSI 指标形成了对 50 数值线的突破，此时出现金叉突破现象属于典型的买入信号，投资者可在此时积极参与操作。其后虽有回调，但 RSI 指标线拒绝死叉，呈典型的向上开口多头排列的良好态势，股价中期上升空间已经被打开。基于以上分析可知，按照双底与 RSI 底背离、RSI 拒绝死叉买入该股，后期获利丰厚应是可以预期的。

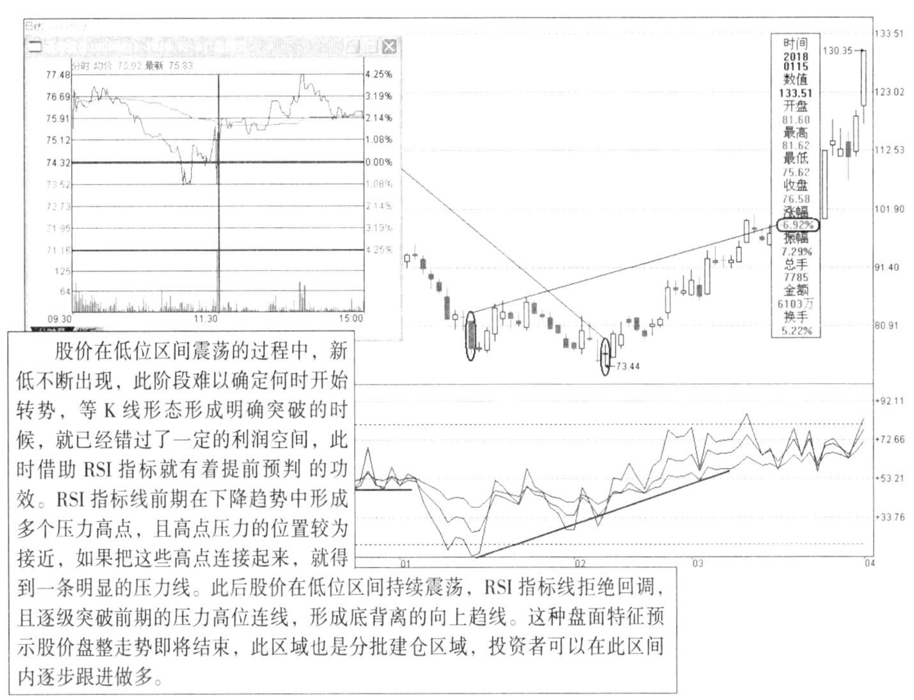
股价在低位区间震荡的过程中，新低不断出现，此阶段难以确定何时开始转势，等 K 线形态形成明确突破的时候，就已经错过了一定的利润空间，此时借助 RSI 指标就有着提前预判 的功效。RSI 指标线前期在下降趋势中形成多个压力高点，且高点压力的位置较为接近，如果把这些高点连接起来，就得到一条明显的压力线。此后股价在低位区间持续震荡，RSI 指标线拒绝回调，且逐级突破前期的压力高位连线，形成底背离的向上趋线。这种盘面特征预示股价盘整走势即将结束，此区域也是分批建仓区域，投资者可以在此区间内逐步跟进做多。
73.44
130.35

图 4-12　圣邦股份 2017 年 10 月至 2018 年 4 月日 K 线走势和 2018 年 2 月 7 日分时走势

（三）操作要略

（1）RSI 指标底背离必须以 K 线形态在低位区域形成一段震荡区间，且 RSI 指标各条指标线要位于 50 数值线的下方为条件。这一时期的 K 线的波动重心并没有明显上移，这就说明多空双方势均力敌。而 RSI 指标形成的多个金叉且一个比一个高背离变形的走势，则必须要建立在长期空头市场末端的位置。

（2）RSI 底背离形成的初期，只能进行试探性的短线操作，尽量不要重仓介入。等新的 K 线形态上升趋势形成后，再顺势操作比较保险。同时投资者还应该注意，运用 RSI 指标走势与股价走势相背离这个方法，判断的往往都是相对较大跨度的趋势，时间相对较长，幅度相对较大，所以不太适合操作周期太短的投机操作。

（3）如果股价在低位震荡区间连续创出两个以上的新低，而 RSI 在 20 数值线附近并未同步出现新低，反而 RSI 指标三线向上收口并形成金叉的现象，这意味着股价此时已经超卖严重。在 RSI 底背离现象出现后，只要 RSI 指标三线向上发散并成功穿越 50 数值线这个条件，则操作的成功率一般都较为理想，股价多数时候会迎来一波主升行情。

（4）RSI 底背离现象的出现，并不意味着股价必然面临趋势性转折。在一些大的下跌趋势中运行的股票，往往会多次出现底背离，但是并不由此发生趋势性转折。对于这一点，交易者应有清醒的认识。但是，底背离现象出现时，往往带来一定程度的做多机会，虽然这个机会可能不是趋势性的，而仅仅是趋向性的或者是短期反弹。

七、移动均线金叉

（一）走势综述

移动均线金叉的形态特征是股价经过一段下跌后筑底，然后股价回升。此时的短周期移动均线向上穿越中长周期移动均线。例如，5 日移动均线向上穿越 10 日移动均线，就称为 5 日移动均线与 10 日移动均线的金叉；同时，5 日移动均线还可以上穿 20 日移动均线，或是 10 日移动均线上穿 20 日移动均线。金叉的出现只能是短周期均线上穿长周期均线，说明多方开始占据优势，空方节节败退。投资者可以把 RSI 指标金叉作为一个起涨点，适当参与。使用 RSI 指标金叉也需要结合股价的整体位置、平均线和成交量等来综合研判。如果出现均线金叉的时候，股价所处的位置越低，移动均线呈多头排列，成交量有序放大，说明做多基础扎实，是一个较好的买入时机（见图 4-13）。

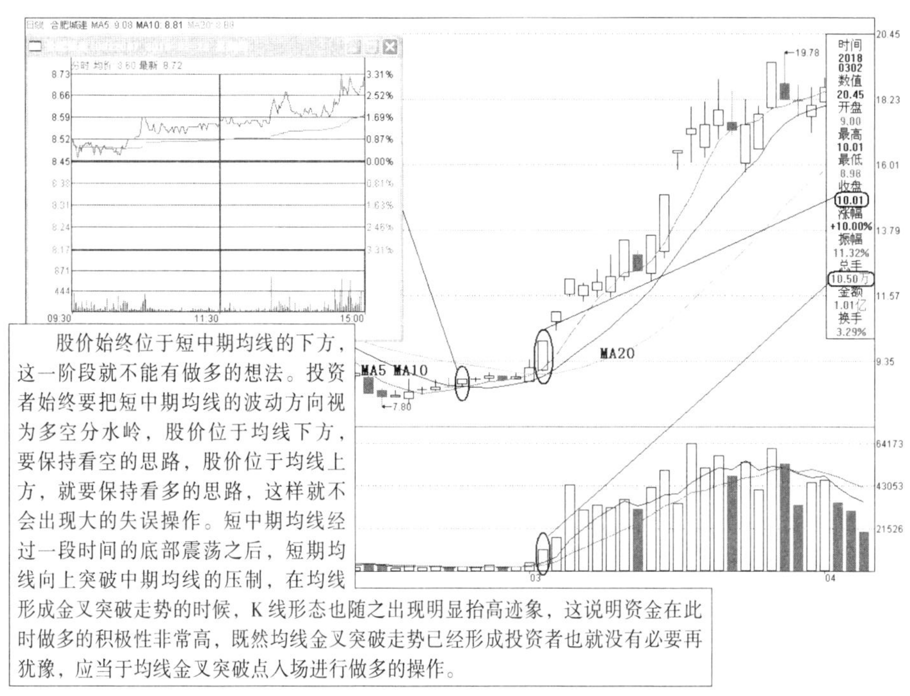
日线 合肥城建 MA5 9.08 MA10 8.81
MA5 MA10
MA20
19.78
7.80
时间 2018 0302
数值 20.45
开盘 9.00
最高 10.01
最低 8.98
收盘 10.01
涨幅 +10.00%
振幅 11.32%
总手 10.50万
金额 1.01亿
换手 3.29%
股价始终位于短中期均线的下方，这一阶段就不能有做多的想法。投资者始终要把短中期均线的波动方向视为多空分水岭，股价位于均线下方，要保持看空的思路，股价位于均线上方，就要保持看多的思路，这样就不会出现大的失误操作。短中期均线经过一段时间的底部震荡之后，短期均线向上突破中期均线的压制，在均线形成金叉突破走势的时候，K线形态也随之出现明显抬高迹象，这说明资金在此时做多的积极性非常高，既然均线金叉突破走势已经形成投资者也就没有必要再犹豫，应当于均线金叉突破点入场进行做多的操作。

图 4-13　合肥城建 2018 年 1 月至 4 月日 K 线走势和 2018 年 2 月 22 日分时走势

（二）经典案例

从图 4-14 中可以看到，合肥城建的股价下跌到低点区间后，由于空方动力得到有效释放，股价的波动低点开始有抬高的迹象，这促使 20 日移动均线开始走平并呈现向上抬升之势，中期移动均线形成转向的特征往往是股价将会产生连续上涨的信号。经过又一次调整以后，2 月 22 日股价小幅上涨收出小阳线，5 日移动均线向上穿越了 10 日移动均线，短期均线的这种形态说明股价短线波动的强势特征已经体现，这将是涨跌的转

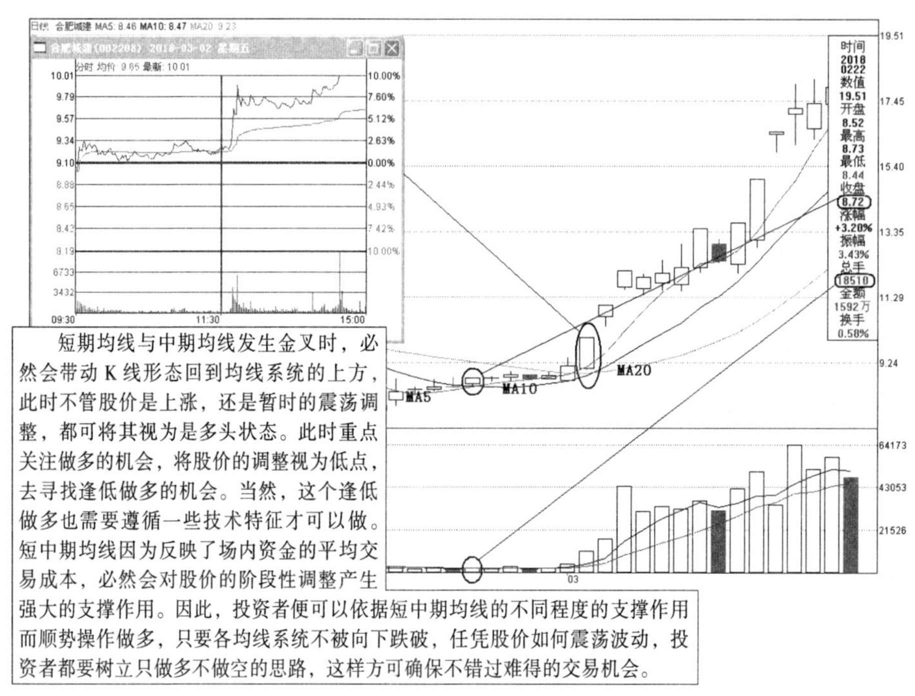
日线 合肥城建 MA5: 8.46 MA10: 8.47 MA20: 9.23
时间
2018
0222
数值
19.51
开盘
8.52
最高
8.73
最低
8.44
收盘
8.72
涨幅
+3.20%
振幅
3.43%
总手
18510
金额
1592万
换手
0.58%
MA5
MA10
MA20
短期均线与中期均线发生金叉时，必然会带动 K 线形态回到均线系统的上方，此时不管股价是上涨，还是暂时的震荡调整，都可将其视为是多头状态。此时重点关注做多的机会，将股价的调整视为低点，去寻找逢低做多的机会。当然，这个逢低做多也需要遵循一些技术特征才可以做。短中期均线因为反映了场内资金的平均交易成本，必然会对股价的阶段性调整产生强大的支撑作用。因此，投资者便可以依据短中期均线的不同程度的支撑作用而顺势操作做多，只要各均线系统不被向下跌破，任凭股价如何震荡波动，投资者都要树立只做多不做空的思路，这样方可确保不错过难得的交易机会。

图 4-14　合肥城建 2018 年 1 月至 3 月日 K 线走势和 2018 年 3 月 2 日分时走势

折点，因此，投资者在此时可以适当仓位买进股票。3 月 2 日股价又收出一根温和放量的涨停阳线，5 日和 10 日移动均线上穿 20 日移动均线，这是一个双重上涨信号，移动均线多重排列必然促使股价的中长期走势保持上升趋势，20 日移动均线的支撑比较明显，股价回升的时候量能也有所放大，同时从股价整体所处的位置来看，移动均线多重金叉出现时期基本上属于中低位。股价处于低位为移动均线金叉的出现提供了安全的保障。

（三）操作要略

（1）5 日移动均线由于周期太短，并不太适合单独进行趋势的研判，而 10 日移动均线则相对稳定多了，并且对股价的追踪性能也非常好，所以，5 日同 10 日移动均线结合进行短线的综合分析较为妥当。而对于股价大趋势的研判，不妨使用 20 日移动均线进行分析，因为它对股价大波段的提示方向较为精准。由于移动均线周期相对长了一些，所以，盈亏的幅度都比较大，因此，5 日、10 日和 20 日移动均线共同使用最为理想。

（2）短中期移动均线同进发生金叉时，K 线必然呈现明确的上升趋势，这就有效规避了假突破的出现。即便是股价后期暂时回落，在日 K 线趋势向上的情况下，于短中期移动均线形成金叉的位置做多，风险也是较小的。

（3）个股短中期移动均线呈多头向上排列之势时，进行介入则要求当天整体盘面空头力度不能太大。而如果其他个股形成普跌的格局，目标个股即便是突破短中期移动均线压制，也很容易受到其他品种下跌的拖累而重新回落。

（4）短中期移动均线在低位区域形成金叉的过程中，进行介入则要求成交量一定要连续放大。而如果形成缩量突破走势，则不能重仓操作做多。投资者应避免在震荡区间重仓或频繁操作，以有效降低时间和持仓成本。

八、移动均线拒绝死叉

（一）走势综述

移动均线拒绝死叉的形态特征是股价结束调整走势继续上涨，此时 5 日移动线与 10 日移动均线形成金叉，市场持仓成本的上升也是短线多头占据上风的标志，显示市场求过于供，导致股价持续上升。通常短期均线金叉是买入的较好时机，但因为 5 日移动均线与 10 日移动均线周期太短，信号发生频繁，导致错误信号太多，一般不单纯使用这一技术指标进行操作。上升趋势中，虽然有震荡走势的出现，但只要股价继续强势上涨，短期移动均线必然同中期移动均线形成金叉，这说明中期上升趋势已经形成。获利盘的进一步增加，也预示调整走势的必然出现，短期移动均线也会快速回落，但看似即将同中期均线产生死叉。此后股价回升，短期移动均线也在即将同中期移动均线死叉的瞬间掉头回升。这种拒绝死叉的现象说明股价回调的幅度有限，也反映出做空能动的不足，后市将重新进入多头强势的走势中。因此投资者可以在短中期移动均线拒绝死叉的时候加大持仓比例，这是一个不错的起涨点（见图 4-15）。

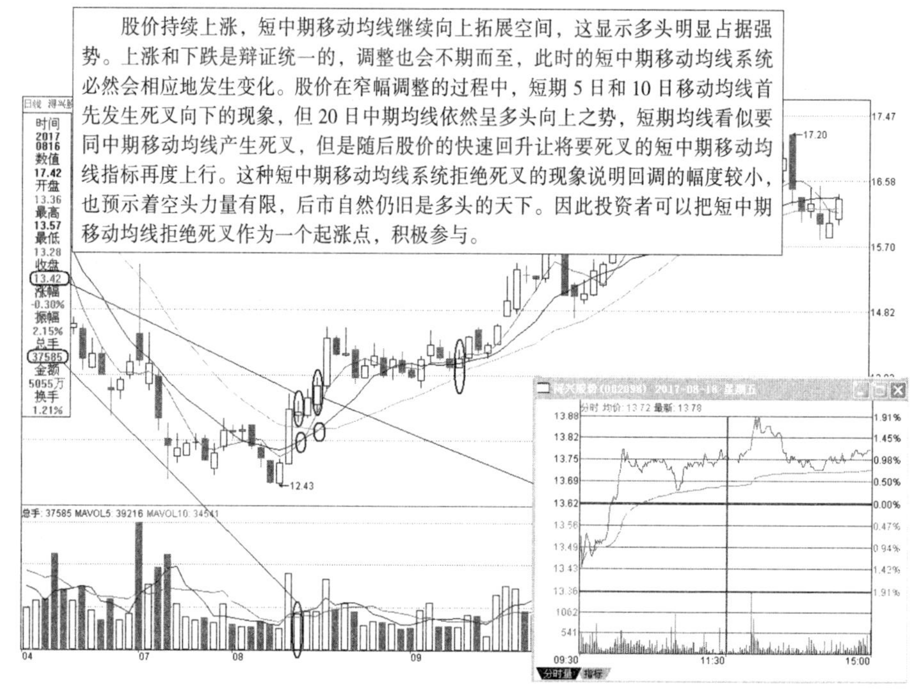
股价持续上涨，短中期移动均线继续向上拓展空间，这显示多头明显占据强势。上涨和下跌是辩证统一的，调整也会不期而至，此时的短中期移动均线系统必然会相应地发生变化。股价在窄幅调整的过程中，短期 5 日和 10 日移动均线首先发生死叉向下的现象，但 20 日中期均线依然呈多头向上之势，短期均线看似要同中期移动均线产生死叉，但是随后股价的快速回升让将要死叉的短中期移动均线指标再度上行。这种短中期移动均线系统拒绝死叉的现象说明回调的幅度较小，也预示着空头力量有限，后市自然仍旧是多头的天下。因此投资者可以把短中期移动均线拒绝死叉作为一个起涨点，积极参与。
17.20
12.43

图 4-15　浔兴股份 2017 年 4 月至 10 月日 K 线走势和 2017 年 8 月 18 日分时走势

（二）经典案例

从图 4-16 中可以看到，浔兴股份的股价在 2018 年 8 月 14 日探出阶段性低点 12.43 元之后，除了传闻有题材重组的因素外，股价调整已经较为充分，股价重回上升通道也是情理之中的事情。随着股价的快速上升，5 日和 10 日移动均线也在 8 月

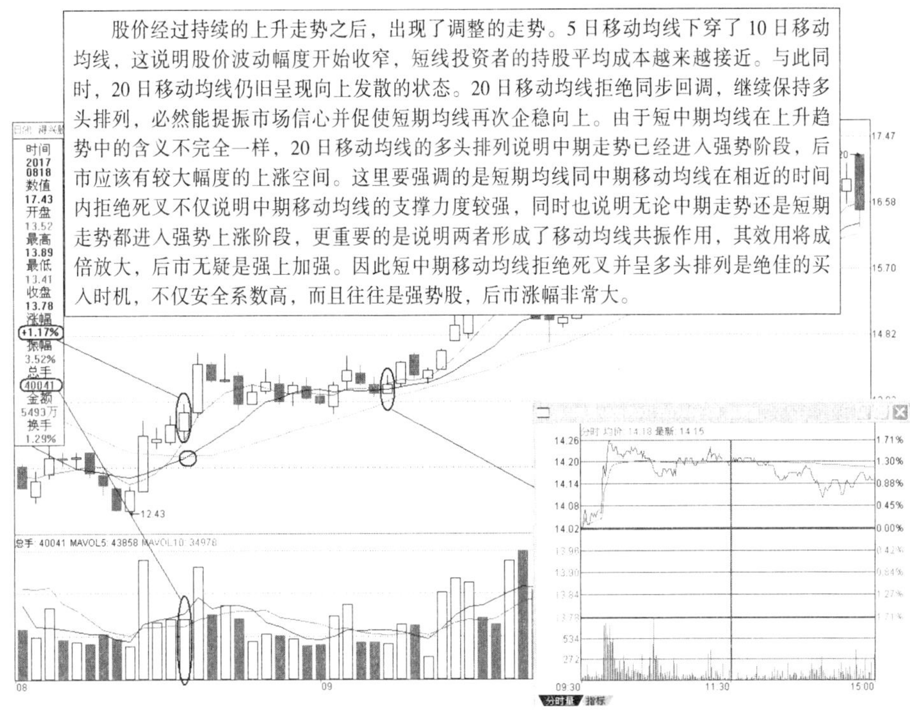
股价经过持续的上升走势之后，出现了调整的走势。5 日移动均线下穿了 10 日移动均线，这说明股价波动幅度开始收窄，短线投资者的持股平均成本越来越接近。与此同时，20 日移动均线仍旧呈现向上发散的状态。20 日移动均线拒绝同步回调，继续保持多头排列，必然能提振市场信心并促使短期均线再次企稳向上。由于短中期均线在上升趋势中的含义不完全一样，20 日移动均线的多头排列说明中期走势已经进入强势阶段，后市应该有较大幅度的上涨空间。这里要强调的是短期均线同中期移动均线在相近的时间内拒绝死叉不仅说明中期移动均线的支撑力度较强，同时也说明无论中期走势还是短期走势都进入强势上涨阶段，更重要的是说明两者形成了移动均线共振作用，其效用将成倍放大，后市无疑是强上加强。因此短中期移动均线拒绝死叉并呈多头排列是绝佳的买入时机，不仅安全系数高，而且往往是强势股，后市涨幅非常大。
时间
2017
0818
数值
17.43
开盘
13.52
最高
13.89
最低
13.41
收盘
13.78
涨幅
+1.17%
振幅
3.52%
总手
40041
金额
5493万
换手
1.29%
17.47
16.58
15.70
14.82
12.43
总手 40041 MAVOL5: 43858 MAVOL10: 34978
08
09
14.26
14.20
14.14
14.08
14.02
1.71%
1.30%
0.88%
0.45%
0.00%
09:30
11:30
15:00
分时量
指标

图 4-16　浔兴股份 2017 年 8 月至 10 月日 K 线走势和 2017 年 9 月 8 日分时走势

16 首先发生金叉，接着 8 月 18 日，5 日短期移动均线向上穿越 20 日中期移动均线，短中期移动均线呈现多头排列的时候，投资者要顺势做多。随着获利盘的增加，短期 5 日短期移动均线和 10 日移动均线开始缠绕在一起，9 月 8 日股价小幅低开击破短期移动均线的支撑后快速回升，这是多空双方短期达到某种平衡的一种表现，此时的 20 日中期移动均线仍旧保持了向上拓展空间的良好态势。这必然对短期移动均线系统起到了支撑和促进的作用，进而促使短期再次掉头向上发散。短中期移动均线拒绝死叉，这是股价强势回调的特征，股价的做空动能非常有限，后市理应继续看好。短中期移动均线系统拒绝死叉的现象说明什么呢？既可以说明空头打压实力不够，更可以理解为主力在强势洗盘，窄幅震荡的目的就是要让前期的获利筹码再次换手，从而垫高后期追涨资本的持仓成本。投资者要做的就是等待整理结束的信号，此后该股快速拉升，涨幅超预期。

（三）操作要略

（1）短中期移动均线拒绝死叉首先要求股价形成明确的上升趋势，这是很重要的一点。因为趋势具有延续性，而场内的参与资金的操作也具有持续性，所以，只有在形成单一上升趋势时才可以使用移动均线拒绝死叉的方法做多后市。否则，股价在持续震荡的过程中，没有明确方向形成时使用移动均线死叉操作就容易导致失误。

（2）利用短中期均线拒绝死叉的方法还要求 5 日和 10 日短期移动均线的调整幅度越小越好，两条短期移动均线上下交叉的幅度越窄越好，短期移动均线互相缠绕意味着多空平均成本接近，且形成某种形式的走势平衡，这需要提高整理区间的安全性。

（3）金叉买入、死叉卖出是移动均线最基础的操作方法，但仅仅是对指标的初级理解。并不是说这些基础指标信号传递的操作信息不准，相对而言其还是非常有参考价值的，尤其是在形成较大的上涨和下跌趋势时，可以让投资者获得最有价值的投资信息。但是在很多情况下，移动均线系统发出的各类杂乱信号太多，如果完全依照这些信号进行操作，累加起来亏损次数会远远大于盈利次数。因此，当投资者都在看这些指标，特别是都在使用这些指标的时候，就必须跳出这个圈子，用另一种眼光来审视。

第五章

强势涨停特征

强势股在启动初期，常常会出现快速突破上涨。如何及时介入处于强劲上涨的个股，成为投资者能否在强势股第一波上涨行情中获胜的关键。

如果投资者错过了强势股启动时的买入机会，或者自身的研判能力弱，没能精准识别强势股，则可以在其拉升阶段的标志性涨停板处或转折阶段进行追涨。通常强势股关键位置的涨停板比较安全，股价启动上涨后至少有一段上冲的过程，可以使投资者的操作有很大的回旋余地。

一、低位首次涨停

（一）走势综述

低位首次涨停是指股价经过连续下跌，下跌速度也慢慢地放缓，跌幅收窄的同时逐步出现企稳的迹象，这个时候投资者首先需要关注的事情就是是否有转势信号出现。某一日，股价突然向上发力，以涨停的形式向上突破了多个技术位置的压力，量能也逐级放大。对比下跌途中的K线实体来看，这一天的涨停是下跌以来实体最大的一根阳线。因此，投资者可以将这一天的走势视为机会到来的信号。低位区域首次收出涨停大阳线将会对下跌行情起到明显的阻止作用，它说明了空方的力度开始衰竭，多方当前已有能力与空方相抗衡。通常情况下，低位区域出现的温和放量后的涨停现象意味着后市股价有望走出一波反弹甚至是反转行情，因此是一种看多的市场信号（见图5-1）。

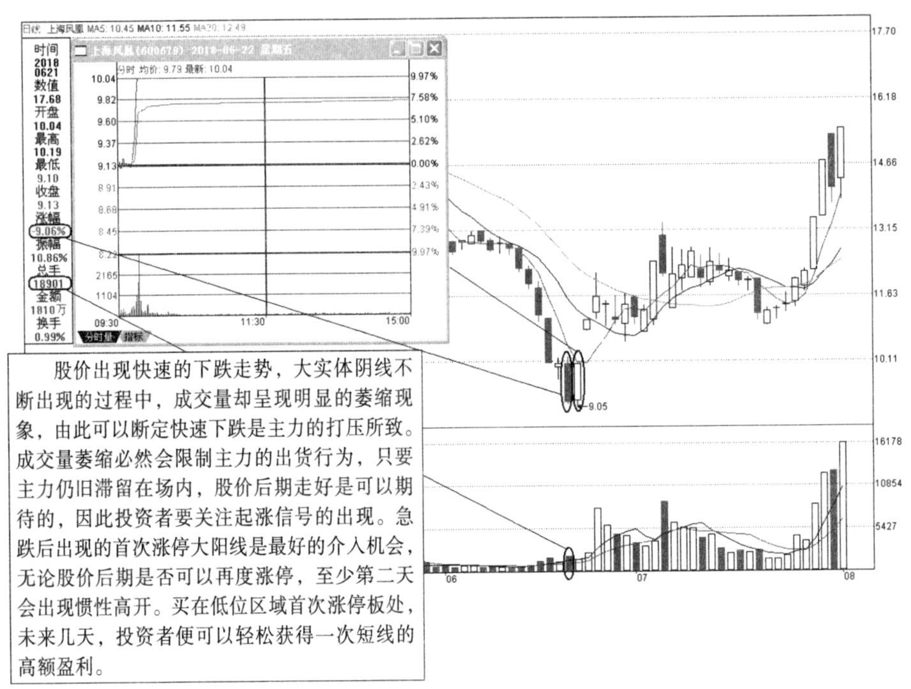
股价出现快速的下跌走势，大实体阴线不断出现的过程中，成交量却呈现明显的萎缩现象，由此可以断定快速下跌是主力的打压所致。成交量萎缩必然会限制主力的出货行为，只要主力仍旧滞留在场内，股价后期走好是可以期待的，因此投资者要关注起涨信号的出现。急跌后出现的首次涨停大阳线是最好的介入机会，无论股价后期是否可以再度涨停，至少第二天会出现惯性高开。买在低位区域首次涨停板处，未来几天，投资者便可以轻松获得一次短线的高额盈利。
9.05
17.70
16.18
14.66
13.15
11.63
10.11
16178
10854
5427
06
07
08

图 5-1　上海凤凰 2018 年 3 月至 8 月日 K 线走势和 2018 年 6 月 22 日分时走势

（二）经典案例

从图 5-2 中可以看到，上海凤凰的股价在 2018 年 6 月中旬至下旬为快速探底的时间段，此时出现的大阴线对应的量能呈明显萎缩，表示做空动能正在逐步释放，盘中抛盘持续减少，成交低迷。股价在 6 月 21 日的下探中出现放量迹象，明显有先知先觉的场外资金进行了抄底操作。次日早盘开盘快速探出阶段性低点 9.05 元之后，止跌企稳后急速回升，股价很快牢牢封在涨停板的位置上。此时的成交量较前一交易日减少了不少，这表明场内持筹心态稳定，空翻多的力量开始聚集，多空力量发生逆转，9.05元的中期底部被确认。6月25日，股价惯性高开后又收出一根涨停阳线，形成持续放量逐级走强的良好态势，且向上抬升角度和速度明显加大，这表明市场上涨趋势已经初步形成，股价接下来有较大可能出现放量继续向上拓展空间，投资者可以积极买入。

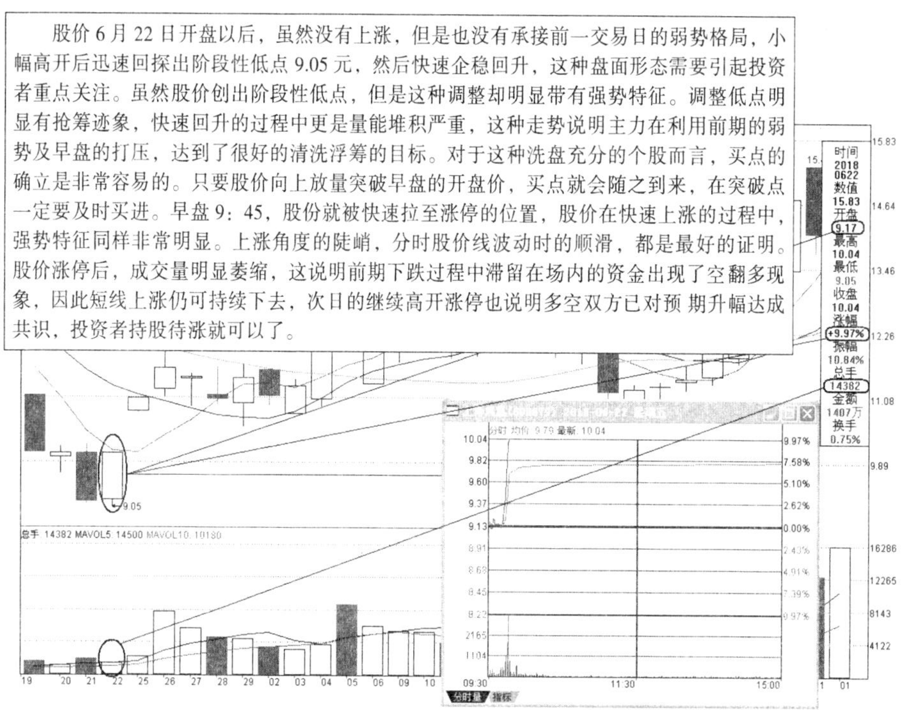
股价6月22日开盘以后，虽然没有上涨，但是也没有承接前一交易日的弱势格局，小幅高开后迅速回探出阶段性低点9.05元，然后快速企稳回升，这种盘面形态需要引起投资者重点关注。虽然股价创出阶段性低点，但是这种调整却明显带有强势特征。调整低点明显有抢筹迹象，快速回升的过程中更是量能堆积严重，这种走势说明主力在利用前期的弱势及早盘的打压，达到了很好的清洗浮筹的目标。对于这种洗盘充分的个股而言，买点的确立是非常容易的。只要股价向上放量突破早盘的开盘价，买点就会随之到来，在突破点一定要及时买进。早盘9：45，股份就被快速拉至涨停的位置，股价在快速上涨的过程中，强势特征同样非常明显。上涨角度的陡峭，分时股价线波动时的顺滑，都是最好的证明。股价涨停后，成交量明显萎缩，这说明前期下跌过程中滞留在场内的资金出现了空翻多现象，因此短线上涨仍可持续下去，次日的继续高开涨停也说明多空双方已对预 期升幅达成共识，投资者持股待涨就可以了。
时间 2018 0622
数值 15.83
开盘 9.17
最高 10.04
最低 9.05
收盘 10.04
涨幅 +9.97%
振幅 10.84%
总手 14382
金额 1407万
换手 0.75%
9.05
总手 14382 MAVOL5 14500 MAVOL10 10180
分时 均价 9.79 最新 10.04
09:30
11:30
15:00
分时量
指标

图 5-2 上海凤凰 2018 年 6 月至 7 月日 K 线走势和 2018 年 6 月 22 日分时走势

（三）操作要略

（1）低位首次涨停多以缩量的形式出现，缩量涨停对应的是前期的缩量下跌，意味着前期主力被套其中，后市必然会展开自救行情。从前期下跌阶段的量价分析可以得出，当前价位已经脱离主力成本区较远，技术性修复反弹的要求非常强烈，因此反弹的高度较为可观。投资者如能抓住主力的自救行情，可以轻松享受主力快速拉抬股价的乐趣。

（2）主力持仓量越大，便意味着在外流通的股票数量越少，这样一来无论股价是涨还是跌成交量必然都会非常小。特别是在低位反弹上涨的过程中，更是不会允许场外投资者搭车抢筹，而主力在没有拉到预定目标之前也是不会轻易卖出股票的。这样一来，股价的整个上涨过程就会呈现出缩量或温和放量快速上涨的走势，对于这种拉高方式投资者要密切关注。

（3）股价在从低位区域快速回升的过程中，阳线数量远远多于阴线数量，阳线实体也大于阴线实体，其间即便出现调整的走势，但是每一次调整的幅度和时间均特别小，这种盘面形态说明做空动能非常虚弱，股价继续向上拓展空间基础牢靠。

二、二次震荡涨停

（一）走势综述

二次震荡涨停的形态特征是股价在低位区域首次出现涨停之后，向上波动的趋势由此形成。股价稳步上涨的过程中，成交量也处于较为温和的状态，这一阶段暂时不用担心股价会突然反转下跌。但股价上涨必然会积累获利筹码，这自然会让原本稳健的上升形态发生变化，从而迫使股价出现迫不得已的回落走势，因为在实盘中除了控盘主力以外，还有各种各样游资和中小投资者在参与操作，一旦某类型投资者进行了出货操作，必然会促使股价产生下跌的走势。股价在阶段性高点区域出现剧烈震荡，并且形成一段震荡整理区间，调整区间内的下跌一般成交量会明显萎缩，而股价回升的过程中会伴随着成交量的放大，因此可以确定区间内是安全的。另外，主力也不会允许上升通道被破坏，上涨行情也绝对不能耽误，因此主力在股价经蓄势整理后，必然会再度发动快速的上涨行情。一旦股价在某一天再次以涨停大阳线的方式突破向上，二次做多的买点也就会形成，投资者可以在此时积极地进行做多操作（见图 5-3）。

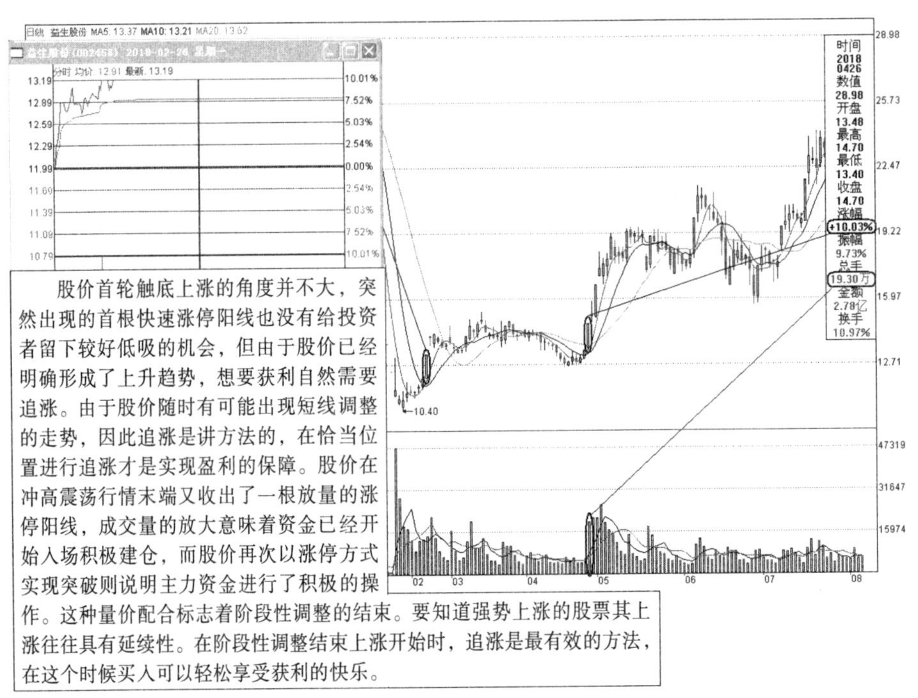
股价首轮触底上涨的角度并不大，突然出现的首根快速涨停阳线也没有给投资者留下较好低吸的机会，但由于股价已经明确形成了上升趋势，想要获利自然需要追涨。由于股价随时有可能出现短线调整的走势，因此追涨是讲方法的，在恰当位置进行追涨才是实现盈利的保障。股价在冲高震荡行情末端又收出了一根放量的涨停阳线，成交量的放大意味着资金已经开始入场积极建仓，而股价再次以涨停方式实现突破则说明主力资金进行了积极的操作。这种量价配合标志着阶段性调整的结束。要知道强势上涨的股票其上涨往往具有延续性。在阶段性调整结束上涨开始时，追涨是最有效的方法，在这个时候买入可以轻松享受获利的快乐。
10.40
28.98
25.73
22.47
19.22
15.97
12.71
47319
31647
15974
02
03
04
05
06
07
08

图 5-3 益生股份 2017 年 8 月至 2018 年 8 月日 K 线走势和 2018 年 2 月 26 日分时走势

（二）经典案例

从图 5-4 中可以看到，益生股份的股价在 2018 年 2 月 9 日急速探出一个阶段性低点 10.40 元之后，股价在成交量堆积放大的带动下呈现企稳回升的良好态势。股价于 2 月 26 日收于一根温和放量涨停阳线之后，次日呈现冲高回落的走势，并由此转入到一个上升型的震荡整理区间之中，区间内由左向右量能逐级萎缩，股价呈现出弱势整理的格局，但 2 月 26 日的涨停阳线对股价后期的调整起到了重要的支撑作用。4 月 26 日，股价再次出现一根涨停大阳线，这是股价再次启动上涨的信号，因为这根涨停阳线不仅成交量呈阶段性巨量，同时也突破了震荡区间的高点压力，说明了主力资金在场内进行了增仓的操作，由此股价又一次确立了新的上升趋势。股价后期便出现了快速上涨的走势，给投资者带来了较好的收益。

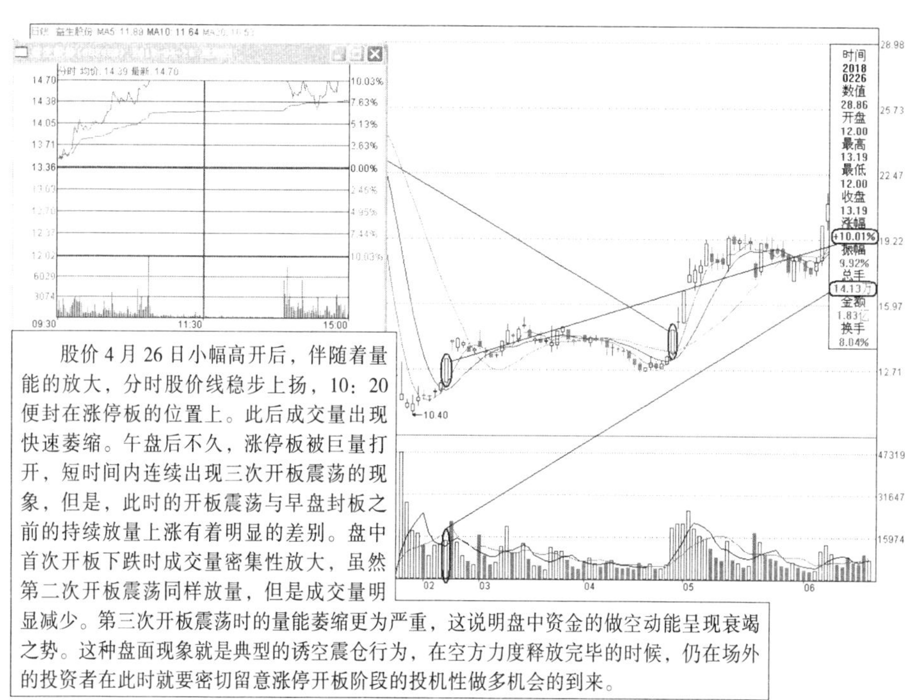
股价 4 月 26 日小幅高开后，伴随着量能的放大，分时股价线稳步上扬，10：20 便封在涨停板的位置上。此后成交量出现快速萎缩。午盘后不久，涨停板被巨量打开，短时间内连续出现三次开板震荡的现象，但是，此时的开板震荡与早盘封板之前的持续放量上涨有着明显的差别。盘中首次开板下跌时成交量密集性放大，虽然第二次开板震荡同样放量，但是成交量明显减少。第三次开板震荡时的量能萎缩更为严重，这说明盘中资金的做空动能呈现衰竭之势。这种盘面现象就是典型的诱空震仓行为，在空方力度释放完毕的时候，仍在场外的投资者在此时就要密切留意涨停开板阶段的投机性做多机会的到来。

图 5-4　益生股份 2017 年 9 月至 2018 年 6 月日 K 线走势和 2018 年 4 月 26 日分时走势

（三）操作要略

（1）股价下跌到底部以后，成交量出现密集放大，推动股价企稳回升并形成首个涨停板形态，由于初期的上涨幅度非常小，导致低位跟风盘和前期套牢盘仍旧滞留在场内，这对于主力后续拉抬股价是非常不利的。普通投资者不离场，主力就无法顺利地建仓，在此时主力必须进行适当的震仓操作。

（2）股价在首次低位涨停板的上方构筑了一段窄幅震荡区间，进行较长时间的横向波动，成交量也呈现逐步萎缩之势。区间内小阴线、小阳线的 K 线形态难以形成价差效应，这必然能迫使低位获利盘离场，同时也说明主力根本不想让卖出的投资者在低点接回股票，洗筹的工作做得较为扎实。

（3）由于震荡区间的高点压力是事先存在的，因此投资者完全可以在盘中就制定出买入的价格的位置所在。股价后期只要有效突破高点压力，投资者就可以顺势做多。当股价再次收出一根突破性涨停大阳线时，成交量必须同步放大才算是有效突破。二次涨停突破的原因就是第一次涨停因为各种原因没有成功，第二次庄家再度拉抬股价形成放量涨停上涨，连续两次积极推高股价足以说明主力做多之心非常坚决。

（4）使用二次震荡涨停这种方法一定要对之前股价的波动

形态进行分析，要求在此之前的首次涨停阳线对震荡区间支撑有效的同时，整体盘面空头力度要略小一些，如果空头力度非常强大，震荡区间的波动幅度较大，将会影响股价后期的上涨。在股价震荡走势形成的时候，对成交量要求是逐级缩量的（相比之前的放量）。萎缩的量能说明资金做空的数量在减少，这对后期的上涨有促进作用。

三、涨跌停相向反转

（一）形态综述

涨跌停相向反转是股价在下跌过程中由缓跌转化为急跌，特别是导致的恐慌情绪蔓延，最终形成了跌停的走势，这说明盘中的做空力度较大。股价大角度下跌形态的形成可以作为后期股价上涨力度强弱的参照，如果股价后期的上涨角度未超过下跌时的角度，就不会出现大幅上涨行情。股价在低位区域出现跌停板之后，次日在成交量放大的推动下，出现急速上升直至快速反转涨停的现象。股价在低位区域出现的这种急速的大角度反转现象说明一轮持续的上涨行情即将展开。上涨时形成了强势上涨角度，这与前期的大力度下跌角度对比，形成了非常明显的强势涨跌停板的反转形态。调整末期的涨跌停板强势反向形态一旦确立，投资者必须及时入场操作，因为强势反转现象对应的后期涨幅极大，其理论上涨空间至少等于前期持续大角度下跌对应的下跌空间。同时，成交量连续放大也向投资者提示了做多动能充足。在涨跌停板反转角度如此陡峭、上涨空间可以精确估算的情况下，投资者还有什么理由不及时入场操作?只要在强势反向走势刚刚确立时入场，就可以轻松把握后期股价上涨带来的高额利润（见图 5-5）。

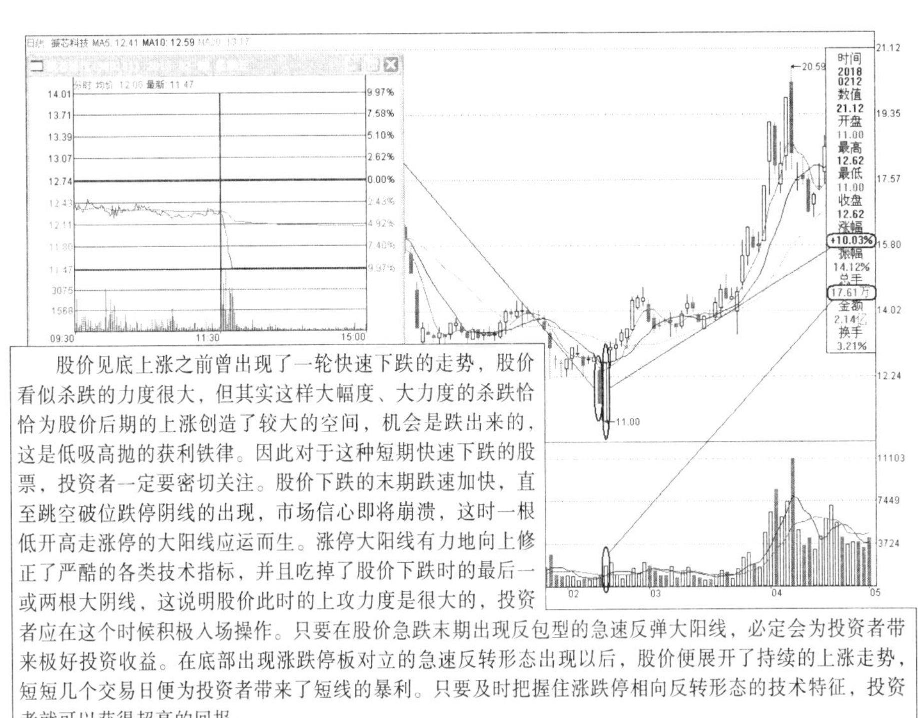
20.59
11.00
时间
2018
0212
数值
21.12
开盘
11.00
最高
12.62
最低
11.00
收盘
12.62
涨幅
+10.03%
振幅
14.12%
总手
17.61万
金额
2.14亿
换手
3.21%
股价见底上涨之前曾出现了一轮快速下跌的走势，股价看似杀跌的力度很大，但其实这样大幅度、大力度的杀跌恰恰为股价后期的上涨创造了较大的空间，机会是跌出来的，这是低吸高抛的获利铁律。因此对于这种短期快速下跌的股票，投资者一定要密切关注。股价下跌的末期跌速加快，直至跳空破位跌停阴线的出现，市场信心即将崩溃，这时一根低开高走涨停的大阳线应运而生。涨停大阳线有力地向上修正了严酷的各类技术指标，并且吃掉了股价下跌时的最后一或两根大阴线，这说明股价此时的上攻力度是很大的，投资者应在这个时候积极入场操作。只要在股价急跌末期出现反包型的急速反弹大阳线，必定会为投资者带来极好投资收益。在底部出现涨跌停板对立的急速反转形态出现以后，股价便展开了持续的上涨走势，短短几个交易日便为投资者带来了短线的暴利。只要及时把握住涨跌停相向反转形态的技术特征，投资者就可以获得超高的回报。

图 5-5 振芯科技 2017 年 9 月至 2018 年 4 月日 K 线走势和 2018 年 2 月 9 日分时走势

（二）经典案例

从图 5-6 中可以看到，振芯科技的股价在 2018 年 2 月 12 日探出阶段性低点 11.00 元以前的走势，是一个单边下跌的走

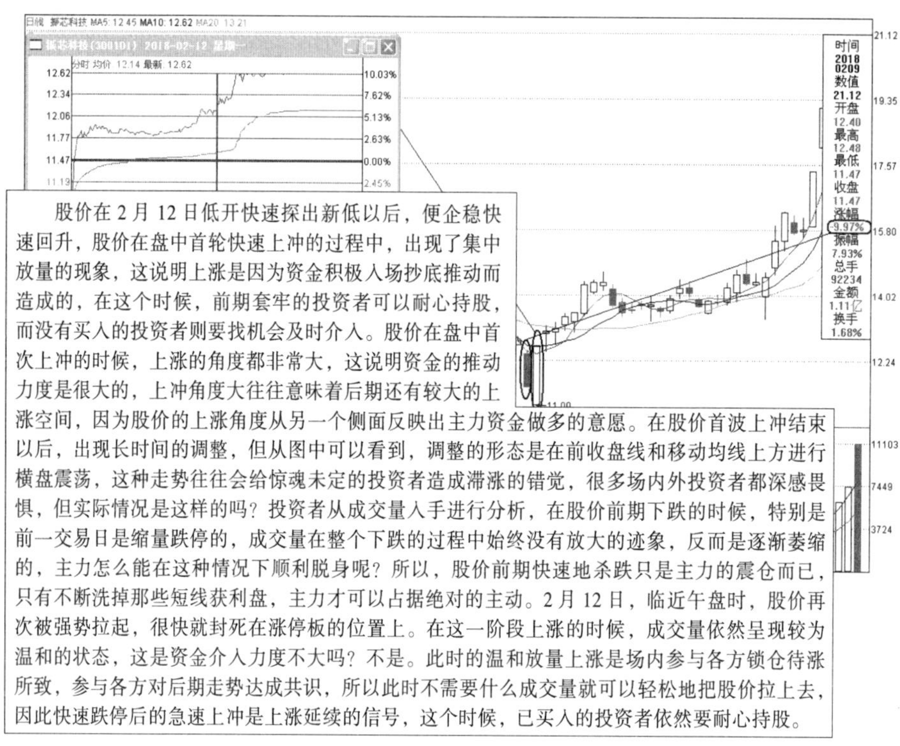
股价在 2 月 12 日低开快速探出新低以后，便企稳快速回升，股价在盘中首轮快速上冲的过程中，出现了集中放量的现象，这说明上涨是因为资金积极入场抄底推动而造成的，在这个时候，前期套牢的投资者可以耐心持股，而没有买入的投资者则要找机会及时介入。股价在盘中首次上冲的时候，上涨的角度都非常大，这说明资金的推动力度是很大的，上冲角度大往往意味着后期还有较大的上涨空间，因为股价的上涨角度从另一个侧面反映出主力资金做多的意愿。在股价首波上冲结束以后，出现长时间的调整，但从图中可以看到，调整的形态是在前收盘线和移动均线上方进行横盘震荡，这种走势往往会给惊魂未定的投资者造成滞涨的错觉，很多场内外投资者都深感畏惧，但实际情况是这样的吗？投资者从成交量入手进行分析，在股价前期下跌的时候，特别是前一交易日是缩量跌停的，成交量在整个下跌的过程中始终没有放大的迹象，反而是逐渐萎缩的，主力怎么能在这种情况下顺利脱身呢？所以，股价前期快速地杀跌只是主力的震仓而已，只有不断洗掉那些短线获利盘，主力才可以占据绝对的主动。2 月 12 日，临近午盘时，股价再次被强势拉起，很快就封死在涨停板的位置上。在这一阶段上涨的时候，成交量依然呈现较为温和的状态，这是资金介入力度不大吗？不是。此时的温和放量上涨是场内参与各方锁仓待涨所致，参与各方对后期走势达成共识，所以此时不需要什么成交量就可以轻松地把股价拉上去，因此快速跌停后的急速上冲是上涨延续的信号，这个时候，已买入的投资者依然要耐心持股。

图 5-6 振芯科技 2017 年 11 月至 2018 年 4 月日 K 线走势和 2018 年 2 月 12 日分时走势

势，成交量保持萎缩调整的水平，说明这个时候市场上没有资金对这只股票进行建仓，只要资金不入场，股价便难以摆脱下跌的颓势。在股价下跌形成趋势的时候，投资者一定要有耐心等待转势信号的出现，哪怕是低位区域放量大阴线的出现也是良性的，这也预示着有资金的入场吸纳筹码。当主流资金认为股价的价格到底的时候，便会投入资金建仓。资金介入进去的时候便会直接体现到股价的 K 线波动变化上。在股价经历一段时间下跌后，2 月 9 日形成一根加速的破位跌停阴线，似乎股价新的下跌空间已经被打开。可是 2 月 12 日股价低开后略做下探，创出了阶段性新低 11.00 元后，在买盘的积极介入下，股价出现快速反弹，当天收复了前一交易日跌停阴线实体的全部失地，虽然量能上仍处于较为温和的状况，但底部区域形成典型的底部阳包阴企稳回升的形态也预示后市股价将止跌回升。在市场下跌趋势的底部出现这种阳包容形态时，说明市场很可能进入反转走势，因此是一个难得的买入信号。

（三）操作要略

（1）股票买卖的操作方法都是对应的，有快速急跌做空点的操作技巧，就必然会有迅速反抽做多点的交易方法。在很多时候，股价经历大幅下跌以后，必然会出现快速的回升走势，如果下跌的速度在短期内过快，甚至是以跌停的方式出现，就很容易耗费空方的做空动能，一旦空方的做空动能减弱，多方便会趁机相向反攻，于是低位区域便会引发快速的涨停跌板的强势相向反弹走势的产生。

（2）涨停跌板相向反转是股价异常波动的一种方式，股价相向运行的两根 K 线实体不仅当前上涨角度与下降角度相比明显更为陡峭，而且盘中封板更为迅速和牢靠。因此，股价一旦形成了强势反向走势，在近期的上涨力度与幅度将会很大。面对这种走势，投资者一定要在强势相向反转走势形成初期及时参与操作。涨跌停相向反转走势的最大作用就是把握未来股价的波动，相向反转的角度分析对于投资者是必须要掌握的，因为它不仅可以提示当前的波动状态，而且可以提示后期的波动状态。

（3）下降趋势明确形成的时候，这一阶段的做空动能和力度会很大。那么，股价的下跌速度就会很快，并且在下跌的过程中甚至不会有小级别反弹的出现。通常情况下，股价的下跌形态越是单一，后期反弹时的买点就越容易确立。涨停跌板相向反转做多就是在下跌结束、触底反弹刚刚开始的那一刻进行的买入技巧。

四、连续加速涨停

（一）走势综述

连续加速涨停走势多在大牛市行情中见到，采用这种快速脱离低价区域的做盘主力往往资金实力雄厚，有足够多的资金承接下所有的抛盘。由于主力不计成本地推高股价进行增持筹码，因此，形成这种建仓方式的个股往往会在短线上出现迅猛的上涨走势，投资者操作这些个股，资金的利用效率是非常高的，短短几天的时间便可以获得巨大的收益。

以连续涨停的方式拉高建仓其实并不是主力愿意的，而是行情的变化迫使主力机构这样运作股价。由于主力在整体市场转暖之前出现了判断的失误，从而错过了底部最好的建仓时机，为了在牛市行情到来时实现盈利，主力只能以最快的速度完成建仓操作，而想以较短的时间完成建仓，无疑只有一个方法，那就是将股价大力度推高，让所有套牢的投资者全部解套卖出，这样一来，建仓操作便可以顺利地进行下去。虽然持仓成本大幅提高，但是由于后期股价可以出现持续性的上涨行情，因此持仓成本的抬高可以通过快速拉高股价而抵消（见图 5-7）。

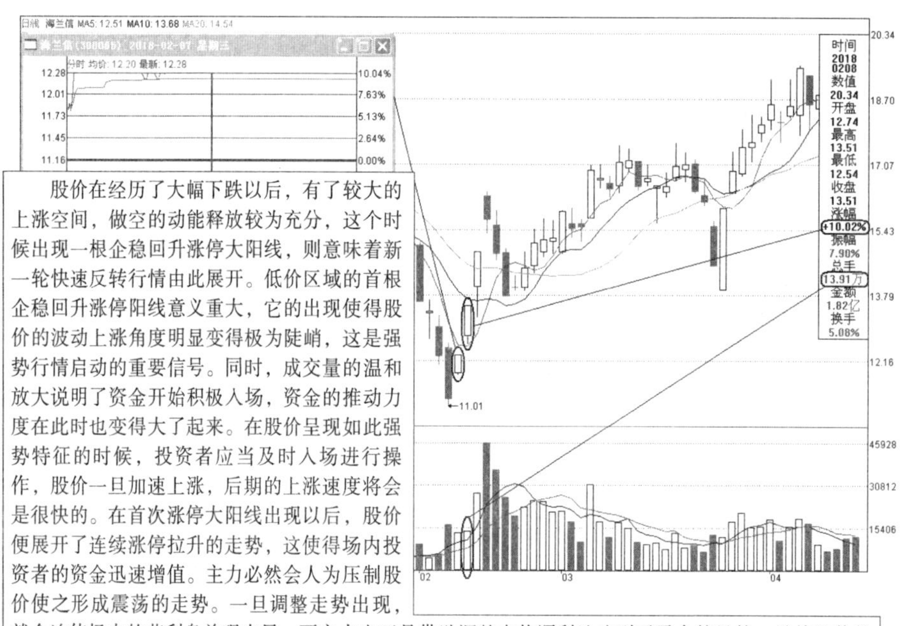
股价在经历了大幅下跌以后，有了较大的上涨空间，做空的动能释放较为充分，这个时候出现一根企稳回升涨停大阳线，则意味着新一轮快速反转行情由此展开。低价区域的首根企稳回升涨停阳线意义重大，它的出现使得股价的波动上涨角度明显变得极为陡峭，这是强势行情启动的重要信号。同时，成交量的温和放大说明了资金开始积极入场，资金的推动力度在此时也变得大了起来。在股价呈现如此强势特征的时候，投资者应当及时入场进行操作，股价一旦加速上涨，后期的上涨速度将会是很快的。在首次涨停大阳线出现以后，股价便展开了连续涨停拉升的走势，这使得场内投资者的资金迅速增值。主力必然会人为压制股价使之形成震荡的走势。一旦调整走势出现，就会迫使场内的获利盘兑现出局，而主力也正是借助调整走势顺利地达到了震仓的目的。虽然股价的调整特征很明确，但是，股价震荡波动时的低点始终受到最后一根涨停阳线的有效支撑，涨停大阳线对股价后期的震荡走势均起到了强大的支撑作用，这预示着主力始终控制着股价波动的节奏，一旦股价的调整走势结束，必然还会继续展开一轮更加强劲的上涨行情。

图 5-7　海兰信 2017 年 12 月至 2018 年 4 月日 K 线走势和 2018 年 2 月 7 日分时走势

（二）经典案例

从图 5-8 中可以看到，海兰信的股价在震荡下跌的过程中，成交量始终没有出现明显且连续的放大迹象，虽然股价在无量的区间内也出现了弱势反弹的走势，但是看不到任何转势的信号，这种量价的配合说明没有任何主流资金在盘中进行建仓操作，没有资金的运作，便没有强势上涨行情的到来。当股价短线调整结束以后，受到行情的影响，庄家突然入场开始大规模的建仓。从图 5-8 中还可以看到，2018 年 2 月 6 日，股价在探出阶段性低点 11.01 元的过程中，成交量较前期出现了明显的放大迹象，一天的成交量便是前期几天量能的总和，这是主力资金在低点区域吸货的信号。2 月 9 日，在成交量继续放大的情况下，股价也出现了高开高走的涨停走势，由于此时的涨停板是近期以来第一次最大涨幅阳线，因此，此时的涨停阳线视为一个启动上涨的信号。此后，股价连续两天涨停，成交量也呈堆积放大的特征，因此可以断定连续涨停的性质是主力急速拉高的建仓行为。采用急速涨停建仓方式的主力，往往会在后期快速地推高股价，以便在最短的时间内使投入的资金实现较大的收益，所以，投资者一旦通过量价的配合判断出了主力意图的时候，一定要及时地入场进行追涨操作，股价距离主力的建仓成本区较近，那么，盈利的概率与盈利的空间也就越大。

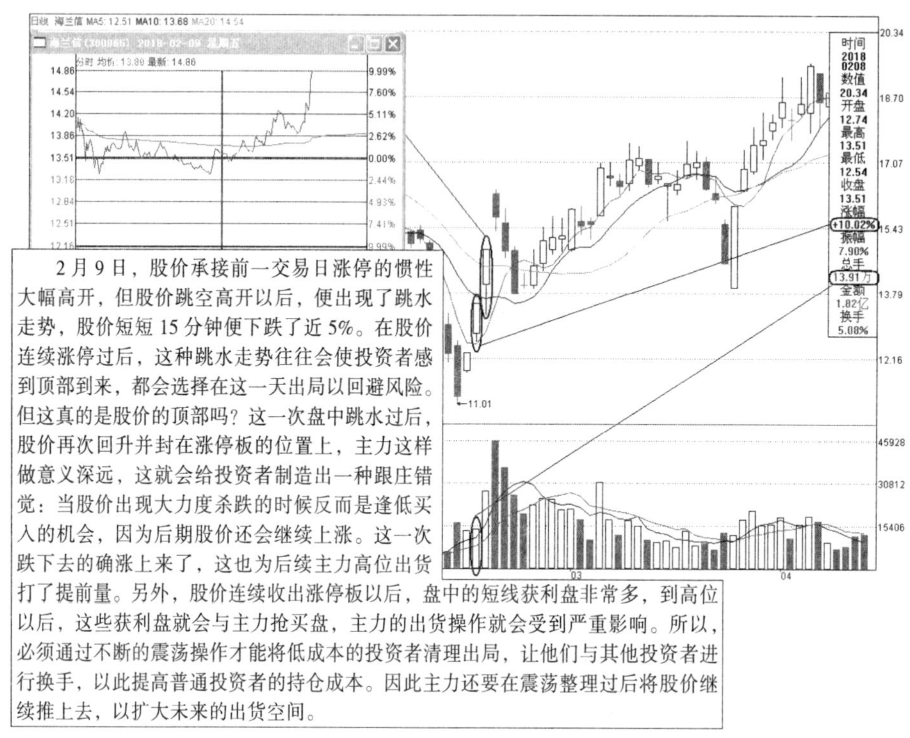
日线 海兰信 MA5: 12.51 MA10: 13.68 MA20: 14.54
时间
2018
0208
数值
20.34
开盘
12.74
最高
13.51
最低
12.54
收盘
13.51
涨幅
+10.02%
振幅
7.90%
总手
13.91万
金额
1.82亿
换手
5.08%
2月9日，股价承接前一交易日涨停的惯性大幅高开，但股价跳空高开以后，便出现了跳水走势，股价短短15分钟便下跌了近5%。在股价连续涨停过后，这种跳水走势往往会使投资者感到顶部到来，都会选择在这一天出局以回避风险。但这真的是股价的顶部吗？这一次盘中跳水过后，股价再次回升并封在涨停板的位置上，主力这样做意义深远，这就会给投资者制造出一种跟庄错觉：当股价出现大力度杀跌的时候反而是逢低买入的机会，因为后期股价还会继续上涨。这一次跌下去的确涨上来了，这也为后续主力高位出货打了提前量。另外，股价连续收出涨停板以后，盘中的短线获利盘非常多，到高位以后，这些获利盘就会与主力抢买盘，主力的出货操作就会受到严重影响。所以，必须通过不断的震荡操作才能将低成本的投资者清理出局，让他们与其他投资者进行换手，以此提高普通投资者的持仓成本。因此主力还要在震荡整理过后将股价继续推上去，以扩大未来的出货空间。

图 5-8　海兰信 2017 年 12 月至 2018 年 4 月日 K 线走势和 2018 年 2 月 9 日分时走势

（三）操作要略

（1）连续加速涨停走势出现之前，股价必须对做空动能进行有效释放，快速下跌或横盘整理是这一阶段的主基调。对于没有形成强势上涨走势的个股，意味着股价存在着很多的不确定性。即便有小幅的上涨空间也不能带来好的收益，因此，这一阶段可操作性不强。

（2）当股价持续了一段时间的下跌或震荡整理走势，在成交量逐步放大的推动下，股价呈现出明显的上升趋势。特别是某一天首次在低位区域收出首根涨停阳线之后，股价的上涨速度开始明显加快，这种走势说明主力在盘中做多的积极性开始增强。

（3）股价在上升阶段连续出现涨停板的走势，上涨速度加快对应的是上涨角度变大，与前期弱势下跌或震荡走势相比，投资者可以明显地看到上涨角度由平缓变为陡峭，甚至是对立的极端反向的走势，这种上涨角度的变化就是连续加速涨停的重要特征。股价连续加速涨停往往意味着新一轮上涨行情的到来，股价在后期的涨幅会大于之前。这种走势出现后，投资者一定要积极入场操作。

五、上升震荡涨停

（一）走势综述

上升震荡涨停是股价在上涨过程中经常会出现的一种上升波动形态。该持续形态至少由三根间断性的涨停阳线组成，中间可能夹着一根或多根震荡向上的 K 线实体。或者在上涨过程中出现短暂的强势整理的窄幅整理区间，股价整体的运行趋势始终保持向上拓展空间的良好态势，盘面虽没有形成连续的加速上涨之势，但上涨势头依然十分强劲。在这种拉升过程中，持续出现的整理 K 线不但不影响股价的上涨势头，反而有利于股价的加速上涨。在 K 线形态中，经常有带长上下影线的 K 线出现，股价经过实体较小 K 线的震荡洗盘后，其上涨走势会更加稳健。盘面也呈现出阳多阴少的格局，不时伴随着向上跳空缺口，间断性的涨停板出现也能使盘面保持强势状态。一般股价不会有效跌破 10 日移动均线的支撑，在一轮震荡上升的行情中一般不少于三个涨停板（见图 5-9）。

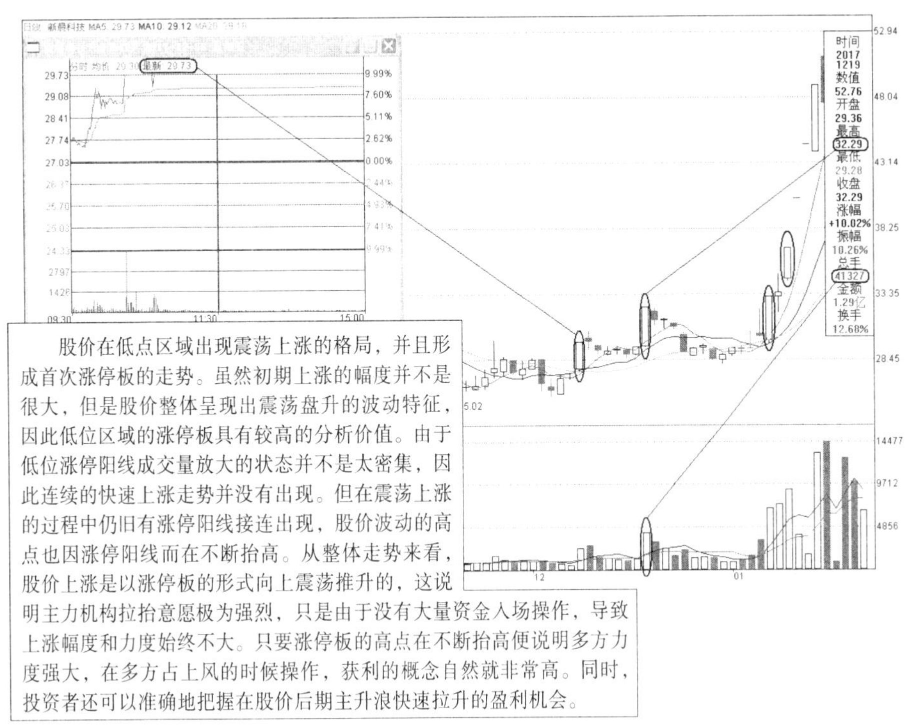
股价在低点区域出现震荡上涨的格局，并且形成首次涨停板的走势。虽然初期上涨的幅度并不是很大，但是股价整体呈现出震荡盘升的波动特征，因此低位区域的涨停板具有较高的分析价值。由于低位涨停阳线成交量放大的状态并不是太密集，因此连续的快速上涨走势并没有出现。但在震荡上涨的过程中仍旧有涨停阳线接连出现，股价波动的高点也因涨停阳线而在不断抬高。从整体走势来看，股价上涨是以涨停板的形式向上震荡推升的，这说明主力机构拉抬意愿极为强烈，只是由于没有大量资金入场操作，导致上涨幅度和力度始终不大。只要涨停板的高点在不断抬高便说明多方力度强大，在多方占上风的时候操作，获利的概念自然就非常高。同时，投资者还可以准确地把握在股价后期主升浪快速拉升的盈利机会。

图 5-9 新晨科技 2017 年 9 月至 2018 年 1 月日 K 线走势和 2017 年 12 月 8 日分时走势

（二）经典案例

从图 5-10 中可以看到，新晨科技的股价在 2017 年 11 月 20 日探出阶段性低点 25.02 元后，虽然没有出现快速的上涨走势，但是股价的低点却有不断抬高的态势。低价区域首次突破性高点是以 2017 年 12 月 8 日的涨停板高点 29.73 元收出的，这根涨停阳线也对后期股价的调整起到了较好的支撑作用。经过一段蓄势整理之后，股价于 2017 年 12 月 19 日又以一根涨停大阳线

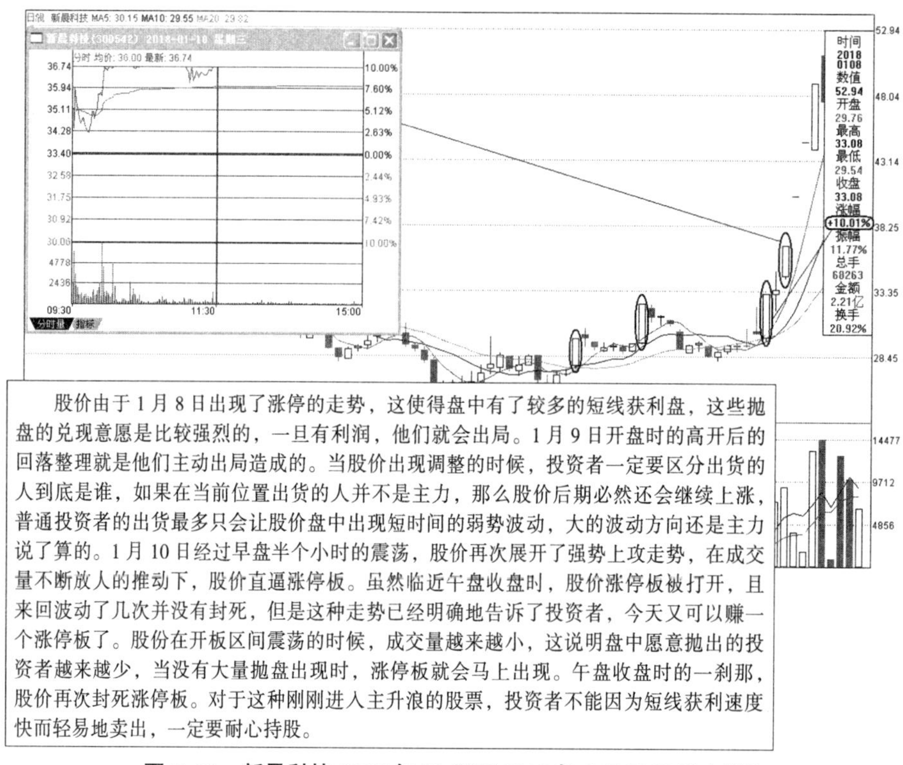
股价由于1月8日出现了涨停的走势，这使得盘中有了较多的短线获利盘，这些抛盘的兑现意愿是比较强烈的，一旦有利润，他们就会出局。1月9日开盘时的高开后的回落整理就是他们主动出局造成的。当股价出现调整的时候，投资者一定要区分出货的人到底是谁，如果在当前位置出货的人并不是主力，那么股价后期必然还会继续上涨，普通投资者的出货最多只会让股价盘中出现短时间的弱势波动，大的波动方向还是主力说了算的。1月10日经过早盘半个小时的震荡，股价再次展开了强势上攻走势，在成交量不断放大的推动下，股价直逼涨停板。虽然临近午盘收盘时，股价涨停板被打开，且来回波动了几次并没有封死，但是这种走势已经明确地告诉了投资者，今天又可以赚一个涨停板了。股份在开板区间震荡的时候，成交量越来越小，这说明盘中愿意抛出的投资者越来越少，当没有大量抛盘出现时，涨停板就会马上出现。午盘收盘时的一刹那，股价再次封死涨停板。对于这种刚刚进入主升浪的股票，投资者不能因为短线获利速度快而轻易地卖出，一定要耐心持股。

图 5-10 新晨科技 2017 年 12 月至 2018 年 1 月日 K 线走势和 2018 年 1 月 10 日分时走势

向上突破了前期涨停阳线的高点。从突破的角度来讲，这个点位就是一个买点。但这根突破涨停大阳线出现后，股价并没有连续上涨，而是再次形成了调整的走势，仔细观看调整形态便可以从中发现藏有的玄机。股价连续以小阴线的方式进行调整，成交量也萎缩到一个低值。但是，这些调整阴线的波动范围始终受到了 2017 年 12 月 8 日涨停阳线的开盘价的支撑，这说明股价连续调整仍旧是良性的，股价的强势特征并没有发生变化。2018 年 1

月 8 日和 1 月 10 日，股价再次以涨停创新高的方式继续向上推升股价，不同的是，成交量由前期的缩量涨停转变为放量涨停，股价的主升浪由此展开，此阶段的获利概率是最高的。

（三）操作要略

（1）上升震荡涨停的走势必须以股价形成了明确的上升趋势为基础，由于股价的整体升幅比较小，涨停板出现后仍旧没有摆脱频繁的上下震荡，如果对震荡涨停的高点进行分析，则可以发现股价波动的高点呈现明显抬高的迹象，这对于投资者来说提供了做多的机会。股价波动的低点不断抬高，说明主力依然控制着盘面的变化，虽然调整 K 线阻止了上攻态势，但是股价后期继续上涨的概率是非常大的。

（2）涨停阳线之间出现的一次或多次短暂的震荡调整走势，并不会对上涨势头构成破坏，盘面依然保持强势调整状态。由于涨停板的高点是不断抬升的，必然对股价调整的低点起到支撑作用。调整的低点获得支撑说明做空的动能越来越弱，无法促使股价有效破位下跌，同时，这也意味着多方的力度有所增强，因此有能力让股价在调整的时候跌幅越来越小。面对这样的技术形态，投资者就要以多头的思维来面对。

（3）股价调整幅度不宜过深，以 10 日移动均线为限，短暂击穿 10 日移动均线时，也应在次日收复。对于成交量变化，无论涨跌的走势，最好处于逐步温和放量的状态，但也要防止异常巨量的出现，同时调整区间内要避免出现大的阴线实体，以防上升形态变异和走坏。

六、涨跌停快速震仓

(一) 走势综述

涨跌停快速震仓的形态特征是股价在低位区域或震荡区间收出了跌停后又以快速涨停的阴阳转换 K 线形态，成交量巨幅放大。这种盘面异动必然会让很多投资者产生迷茫情绪，能否追涨，当前是诱多还是下跌中继？这种犹豫心态会导致很多精通短线操作的投资者继续保持观望的姿态，也迫使场内的低成本获利盘尽早落袋为安，这样一来就会被主力机构所利用。通常情况下，低位区域及震荡区间的人气会转向谨慎，而盘面突发的异动现象让多数投资者不能理性对待，从而迫使那些低成本的获利盘全部在相应的高位卖出这种跌停到涨停的“强势股”，从而减少后期上涨时的抛盘。同时盘面出现的异常的价量形态，也会对场外短线资金产生忌惮情绪，而选择观望或另择其他强势品种进行操作。主力机构正是利用普通投资者这种不正确或后知后觉的心态，从而达到利用跌停到涨停快速吸筹、震仓和提高换手率的目的（见图 5-11）。

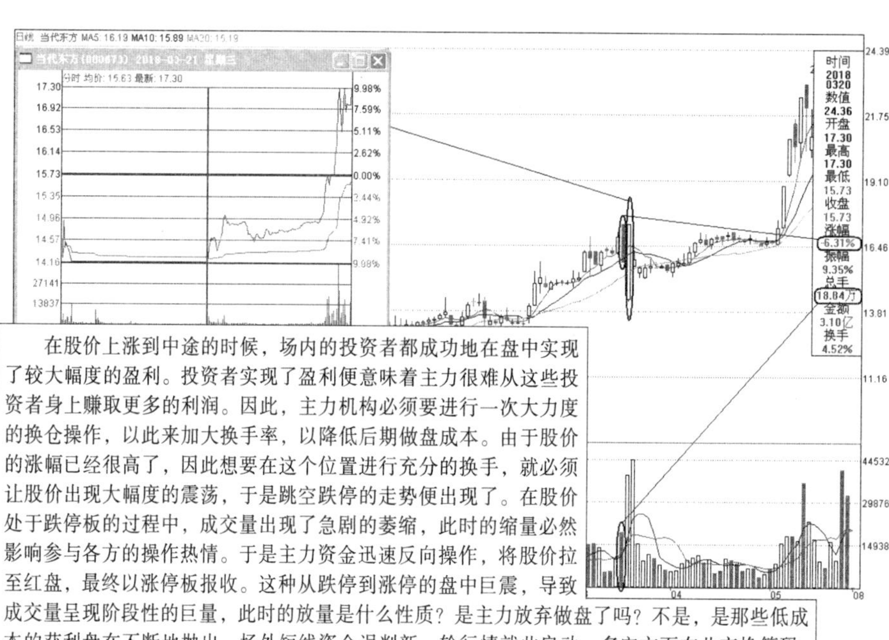
日线 当代东方 MA5: 16.19 MA10: 15.89 MA20: 15.19
分时 均价: 15.63 最新: 17.30
时间
2018
0320
数值
24.36
开盘
17.30
最高
17.30
最低
15.73
收盘
15.73
涨幅
-6.31%
振幅
9.35%
总手
18.84万
金额
3.10亿
换手
4.52%
在股价上涨到中途的时候，场内的投资者都成功地在盘中实现了较大幅度的盈利。投资者实现了盈利便意味着主力很难从这些投资者身上赚取更多的利润。因此，主力机构必须要进行一次大力度的换仓操作，以此来加大换手率，以降低后期做盘成本。由于股价的涨幅已经很高了，因此想要在这个位置进行充分的换手，就必须让股价出现大幅度的震荡，于是跳空跌停的走势便出现了。在股价处于跌停板的过程中，成交量出现了急剧的萎缩，此时的缩量必然影响参与各方的操作热情。于是主力资金迅速反向操作，将股价拉至红盘，最终以涨停板报收。这种从跌停到涨停的盘中巨震，导致成交量呈现阶段性的巨量，此时的放量是什么性质？是主力放弃做盘了吗？不是，是那些低成本的获利盘在不断地抛出，场外短线资金误判新一轮行情就此启动，多空方面在此交换筹码，因此也就导致了量能放大。主力资金在这一过程中动用的资金是很少的。如果主力真的是在出货，股价在后期必然会下跌而不是继续蓄势震荡。所以，通过后期的走势进行分析，此时从跌停到涨停巨幅震荡便可以看得一清二楚了。

图 5-11 当代东方 2017 年 9 月至 2018 年 8 月日 K 线走势和 2018 年 3 月 21 日分时走势

（二）经典案例

从图 5-12 中可以看到，当代东方的股价在 2017 年 12 月 6 日探出阶段性低点 9.31 元之后，便进入一段中期上升通道之中。股价以小阴小阳的方式沿短中期移动均线持续向上拓展空间，直到 2018 年 3 月 20 日，股价出现一根实体巨大的中阴线才发生变化，股价稳步上升的步调被打乱。次日，股价跳空低开后不久便形成跌停板。短短两天出现如此大的跌幅足以让很多投资者感到恐慌，不敢入场操作便会对主力的后续操作制造极大的障碍。因此，为了吸引买盘和提高换手率，盘中主力开始发动进攻了。午盘开盘后便出现跌停打开的现象，随后几波上扬拉到前收盘线的上方。特别是临近尾盘，主力便大力度地推动股价形成上冲走势，短时间内，股价便涨到涨停板的价位上，全天振幅达 19.96%。如此快的反转上涨幅度和速度对于短线投资者来说具有强大的吸引力，于是很多场外投资者纷纷开始入场操作。虽然投资者的买入动作比较积极，但是从上涨的走势上来看，投资者并没有多少低位买入的机会，想要买入只能在高位进行。一旦大量的投资者在高位进行了买入操作，那么主力短线出货或换手的目的就达到了，场内参与各方的持仓成本也得到大幅提高，这有利于主力后市的操盘计划。在图 5-11 中可以看到，3 月 21 日，成交量创下了阶段性的最大量，这恰恰说明主力在盘中的高位区间进行了大规模的出货和换手。从跌停到涨停的急速上冲所出现的高点成了这一天的最高点，此后近 30 个交易日均在 3 月 21 日的高点和低点之间宽幅震荡，这一天跟进的投资者的时间成本和交易成本无疑是巨大的。

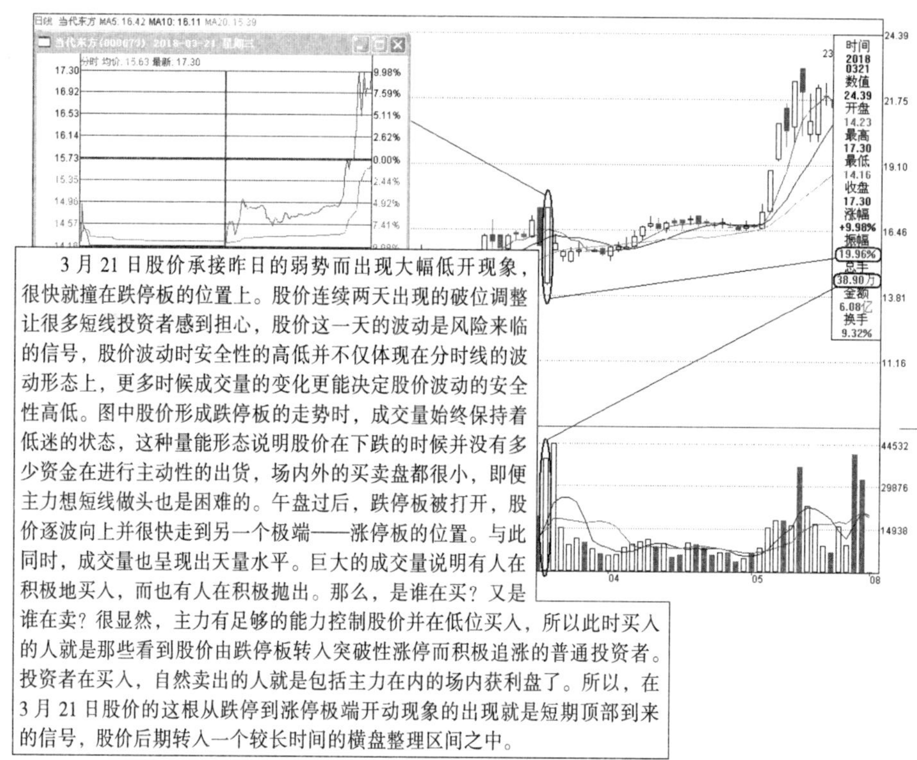
日线 当代东方 MA5: 16.42 MA10: 16.11 MA20: 15.39
分时 均价: 15.63 最新: 17.30
时间
2018
0321
数值
24.39
开盘
14.23
最高
17.30
最低
14.16
收盘
17.30
涨幅
+9.98%
振幅
19.96%
总手
38.90万
金额
6.08亿
换手
9.32%
3月21日股价承接昨日的弱势而出现大幅低开现象，很快就撞在跌停板的位置上。股价连续两天出现的破位调整让很多短线投资者感到担心，股价这一天的波动是风险来临的信号，股价波动时安全性的高低并不仅体现在分时线的波动形态上，更多时候成交量的变化更能决定股价波动的安全性高低。图中股价形成跌停板的走势时，成交量始终保持着低迷的状态，这种量能形态说明股价在下跌的时候并没有多少资金在进行主动性的出货，场内外的买卖盘都很小，即便主力想短线做头也是困难的。午盘过后，跌停板被打开，股价逐波向上并很快走到另一个极端——涨停板的位置。与此同时，成交量也呈现出天量水平。巨大的成交量说明有人在积极地买入，而也有人在积极抛出。那么，是谁在买？又是谁在卖？很显然，主力有足够的能力控制股价并在低位买入，所以此时买入的人就是那些看到股价由跌停板转入突破性涨停而积极追涨的普通投资者。投资者在买入，自然卖出的人就是包括主力在内的场内获利盘了。所以，在3月21日股价的这根从跌停到涨停极端开动现象的出现就是短期顶部到来的信号，股价后期转入一个较长时间的横盘整理区间之中。

图 5-12　当代东方 2017 年 11 月至 2018 年 8 月日 K 线走势和 2018 年 3 月 21 日分时走势

（三）操作要略

（1）从整体趋势上来看，股价开盘阶段就触及跌停板意味着已进入绝对的空头市场，在股价连续下跌的时候，不能盲目预测底部在哪里，必须要不断地顺势进行交易。但从局部走势来看，股价跌停板或大幅低开后盘中出现反弹，依然表明股价处于下跌阶段并创下新低，空头迹象依然非常明显，所以还是应当以做空为主。

（2）当股价有了足够深的跌幅以后，虽然顺势做空依然是主线，但是接下来的操作思路就需要发生一些变化，由于跌幅已经较大，做空动能得到有效的释放，因此股价一旦形成反弹，上涨的速度也将会是极快的。在很多情况下，下跌末期阶段收出大幅低开或长下影线，股价就有可能停止下跌。随着做空动能的减弱，便会有大量的短线做多资金入场。这样一来就会引发快速反弹走势的形成，此时若有大盘配合，甚至会形成超强势或涨停板的走势出现。涨停强势相向反转的形态一旦确立，其对应的后期涨幅较大，其理论上涨空间至少等于前期下跌角度对应的下跌空间。同时，成交量连续放大也向投资者提示了做多动能充足。

（3）股价在由跌停到涨停的转换过程中，由于成交量呈现出阶段性巨量，这种量价特征也意味着短线介入的资金较多；如果这些投资者始终持有手中的股票而不肯卖出，主力想要增持仓位是困难的，而主力又是不能轻易打压股价的，最好的办法就是通过滞涨走势折磨投资者的持股信心。当投资者看到股价并没有延续强势上升势头，自然会陡增自己的时间成本，相信很多前期借涨停板跟进的短线投资者都会选择进行换股操作。一旦投资者卖出了手中的股票，主力的震仓也就达到了目的。主力的震仓方式是次要的，无论是让股价横盘还是下跌，或是通过滞涨的方法震仓，将投资者清理出局才是最主要的。